如何与
高冲突人格者
友好相处

〔美〕比尔·埃迪 〈Bill Eddy〉

乔琪·迪斯特凡诺 〈L. Georgi DiStefano〉 著

杨晨 张蕾 译

電子工業出版社·
Publishing House of Electronics Industry
北京·BEIJING

IT'S ALL YOUR FAUL AT WORK！: Managing Narcissists and Other High-conflict People
by Bill Eddy and L.Georgi DiStefano
Copyright@2015 by Bill Eddy and L.Georgi DiStefano
Published by arrangement with Unhooked Books c/o Nordlyset Literary Agency
through Bardon-Chinese Media Agency
Simplified Chinese translation copyright (year)by W.E. Time DigiTech Ltd.

版权贸易合同登记号　图字：01-2020-6131

图书在版编目（CIP）数据

如何与高冲突人格者友好相处 /（美）比尔·埃迪（Bill Eddy），（美）乔琪·迪斯特凡诺（L. Georgi DiStefano）著；杨晨，张蕾译.—北京：电子工业出版社，2021.4
书名原文: It's All Your Fault at Work: Managing Narcissists and Other High-Conflict People
ISBN 978-7-121-40191-6

Ⅰ.①如… Ⅱ.①比… ②乔… ③杨… ④张… Ⅲ.①心理交往 Ⅳ.① C912.11

中国版本图书馆 CIP 数据核字 (2020) 第 261844 号

责任编辑：胡　　南
文字编辑：李楚妍
印　　刷：天津画中画印刷有限公司
装　　订：天津画中画印刷有限公司
出版发行：电子工业出版社
　　　　　北京市海淀区万寿路 173 信箱　　邮编 100036
开　　本：720×1000　1/16　　印张：15.25　　字数：200 千字
版　　次：2021 年 4 月第 1 版
印　　次：2021 年 4 月第 1 次印刷
定　　价：68.00 元

　　所购买电子工业出版社图书有缺损问题，请向购买书店调换。若书店售缺，请与本社发行部联系，联系及邮购电话：（010）88254888，88258888。
　　质量投诉请发邮件至 zlts@phei.com.cn，盗版侵权举报请发邮件至 dbqq@phei.com.cn。
　　本书咨询联系方式：010-88254210，influence@phei.com.cn，微信号：yingxiangli book。

目录

前言

　　本书给出了与高冲突人格者打交道的建议。这些知识可以帮助你在日常交流中获得更大的成功。

　　知识就是力量。然而，有关高冲突人格的知识也可能被误用，这反而会让你的生活更加糟糕。因此，我们在此提醒，切勿在公开场合指认他人为高冲突人格者，切勿告诉他人你认为他们具有高冲突人格，或是将此信息作为处理人际关系的武器。在你深入阅读本书之前，我们要求你承诺，用谨慎、共情与尊重之心来运用我们在书中呈现的内容。

　　本书对高冲突行为的解释与建议都是一般意义上的，可能并不适用于一些特定情况。如需处理特殊纠纷，我们建议你向心理治疗师、人力资源专家、员工援助专家、工会代表、律师、调解员或其他冲突解决专家咨询。

你在阅读本书后做出的任何决定或行动，作者与出版社均概不负责。

——比尔·埃迪　乔琪·迪斯特凡诺

《如何与高冲突人格者友好相处》评赞

比尔·埃迪的高冲突人格模型，已经被证明是处理棘手的员工关系的有效辅助手段。他的建议切实可行，为辨识、理解职场中的各类型人格提供了一个非常有用的框架，并给出了行之有效的方法来处理这些关系。

——基思·爱普斯坦（Keith Epstein），英特尔公司高级职场调查员在今天全球化经济的背景下，日益增多的合作也带给我们更多的繁杂与混乱。在这种局面下，高冲突人格者比以往更难控制自己的极端行为，也更难处理与他人的关系。极端行为与日俱增，我们对此的回应也只得更加谨慎。比尔·埃迪和乔琪·迪斯特凡诺为所有那些在现代职场中被失常行为纠缠的人，提供了一套令人耳目一新的实用工具。我在此把它推荐给全世界所有与冲突和变化打交道的管理者！

——朱塞佩·卡雷拉（Giuseppe Carella），雷鸟商学院董事兼总经理

比尔·埃迪和乔琪·迪斯特凡诺成功地将他们独到的知识与技巧结合起来，汇成了实用且有效的建议。这本书通俗易懂，易于操作，确实是一本实用、有益的书籍。

——塔妮娅·索尔丁（Tania Sourdin），
教授、蒙纳什大学澳大利亚司法改革中心主任

《如何与高冲突人格者友好相处》给出了一套专业制定的策略与技巧，来与工作中难以相处的人打交道，因为在职场中，你无法忽视或避开他们。这些干预手段清晰、简洁、符合常识，可以应对一系列不同的人格紊乱与人格障碍等问题。这本书将作者的知识运用到日常工作环境中，为我们提供了一份重要的参考指南。

——凯伦李·罗宾逊（Karenlee Robinson），
理学硕士、医院管理专业硕士、夏普梅萨维斯塔医院前首席执行官

每个人事部门的领导都应该人手一册《如何与高冲突人格者友好相处》，以助其缓解与某些员工紧张的关系。这些让人难以与之共事的员工，就是比尔·埃迪所指的高冲突人格者。他们把职场环境搞得乌烟瘴气，本书正好就是一剂解毒良药。

——丹尼斯·夏普（Dennis Sharp），夏普公司理事会主席

比尔·埃迪和乔琪·迪斯特凡诺用一把坚固的钥匙，把一扇似乎是永远关闭的门打开了。他们邀请我们思考如何处理那些让人痛苦而又无法解决的不合理问题，然后将它们转变为专业机敏、令人敬佩的行动。没有行动，这把钥匙也打不开门。他们用自己的洞见、选择与解决办法，让我们节省了气力。

——科琳·多林德（Colleen Doylend），
阿尔伯塔电力系统运营商企业学习与发展专家

作者的真实案例有助于管理者和员工抓住与高冲突人格者处事的关键。他们的建议"精准定位"在了职场正在发生的事情上。

——特迪·赖利（Teddi Reilly），工商管理硕士，
D&K 工程公司人力资源副主席、圣地亚哥人力资源论坛主席

比尔·埃迪又做到了！MAD、BAD、RAD和CARS这些缩写很容易就能使人记住那些简单的方法步骤，让我们在不理智的场景中恢复理智。而且，在交流重点工作时，我也侧重于"前馈"而不是"反馈"。把幽默织入这个关于人格的严肃的话题中，带来了一种希望和力量，让我们觉得在和不友好的行为以及高冲突人格者打交道时，也可以做出些名堂来。这些经验对职场中的每个人来说都是无价之宝！

——黛布拉·杜普里（Debra Dupree）博士，
注册婚姻家庭治疗师、职场关系公司主席

运用本书归纳的方法后，我可以和难相处的顾客打交道了，而且和他们维持着一种长期、可控、双方互利的关系。这些有效的方法在工作中有着广泛的应用。

——德比·杰克逊（Debbie Jackson），
ASI（一家软件设计及计算机网络集成公司）首席执行官

第一章

高冲突人格者

"这事儿都怪你！"听着耳熟吗？

高冲突人格者总是指责个不停，他们到处指责别人。他们数落老熟人，也指责完全陌生的人。搞不好，他们还要指责你！

高冲突人格者随处可见，而且数量与日俱增。可能是客户对你大吼大叫，可能是同事总是找茬。可能是主管蔑视员工，致使员工心情低落、身患疾病，导致工时损失、医疗开支增加、士气低落，造成上千美元的花销。还可能是企业主铤而走险，不经意就毁掉自己的企业，连带毁掉你的收入、福利和退休生活的依靠。

本书将提出几种应对职场各类高冲突人格者的方法。它们将有助于你辨识这类人的行为模式（它们是可以预知的），随后用简单的四步方法（称为CARS方法）来安抚他们、分析你的选择、回应他们的敌意，并约束他们的极端行为。

行为模式

不论你是客户、员工、经理、企业主，还是其他与职场人士打交道的人，不管你是在工作前、工作中还是工作后，"高冲突"行为都会出乎意料地找上你，给你的生活带来痛苦。大部分举止极端的人的高冲突行为都会有一种重复模式。这是他们人格的一部分。他们不仅会突然犯错或表现恶劣——而且他们现在会这么做，以后还会这么做。

我们称他们为具有"高冲突"人格的人，或简称高冲突人格者。他们不只是很难相处，甚至是最难相处的人群，因为他们的行为模式包含以下四个特征：

· 一味指责他人

· 不能接受变通

· 情绪不受控制

· 行为偏执极端

更糟糕的是，他们对自身行为、行为带来的后果都缺乏反省，所以他们不会改变自己的行为，反倒是重点关注别人的作为。他们有时会化身"雄辩指责家"，说服旁人相信眼前的问题是由他人造成的，"说不定都是你的错！"

没错，搞不好到头来你会变成高冲突人格者的指责对象（target of blame）。一旦有人这么对你，你就只能应战，去与他们打交道，因为他们的行为模式不会恰好改变。我们简单看一下自恋型高冲突人格者的例子。

自恋型高冲突人格者

在如今的新闻和日常生活中，自恋者的数量已经远超过从前。根据定义，自恋者只顾自己，非常自负。不过，并非所有自恋者都会表现出高冲突人格者的行为模式，有些自恋者只是喜欢告诉别人自己有多棒。但自恋型高冲突人格者就会一个劲指责别人了。他们会找准一个指责对象，让自己看上去比别人更优秀，来获得自我满足。他们故意找目标对象的毛病，软硬兼施控制对方，或是公开指责，或是羞辱对方。这么做，都是为了把其他人的注意力从自恋型高冲突人格者自身的缺点上引开，或是证明自己多么聪明、高人一等（至少他们是这么想的）。

我们会在本书中讨论五种高冲突人格者，自恋型高冲突人格者只是其中的一种。根据一份全美范围的研究结果，自恋者是这些高冲突人格者中最常见的。对此，我们会在第三章中进行讨论。

与高冲突人格者打交道是一种怎样的体验

在工作中与高冲突人格者打交道时（不论是自恋型还是其他类型），你可能会感到沮丧、绝望、暴怒、迷茫或者有很多其他的情绪。你可能会把这些情绪带回家，甚至在这种高冲突情境下失眠。这些都是对极端攻击行为（高冲突人格者的标志）的自然反应，即战斗反应、逃跑反应或冻结反应。然而，我们对高冲突人格者自然而然做出的战斗反应或逃跑反应，往往会适得其反，导致情况愈加恶化。你或许已经发现这一点了。

你可以有效应对高冲突人格者的责难

我们写作本书就是为了帮助你应对高冲突情境，这通常会涉及一个或多个高冲突人格者。尽管他们非常恼人，但你会看到，他们总是以可以预测的行为模式行动。一旦你学会辨识这些行为里的预警信息，你就可以采取相应策略有效地应对这些行为。

这些行为模式可以表征为五类高冲突人格，我们会在本章详加说明。只要你意识到（甚至仅仅是怀疑）自己在和高冲突人格者打交道，便可以先发制人，使你们的交往波澜不惊。对此，我们提出了一套应对高冲突人格者的四步方法（CARS方法），可以帮助你让他们冷静下来，并专注于解决问题。我们将在第二章讲解这套"CARS方法"。

这套方法并不复杂，但它往往会与你喜欢的做法相左，需熟能生巧。因此，我们为示范如何对潜在高冲突人格者应用CARS方法，在书中提供了十几个案例供你学习参考。

我们在各类职场纠纷、法律纠纷中，已将这套方法有效运用多年。出乎我们意料的是，高冲突人格者的问题在全世界都大同小异，而CARS方法对应对各地、各类高冲突人格者的责难都有效果。

而且，它对不是高冲突人格的人也有用，所以你不必担心怎么去分辨他们。你在与任何人交往的过程中，都可以运用CARS方法。

作者自述

我们研究职场纠纷与法律纠纷中的高冲突人格者已有二十多年。我们在二十五年前相遇，当时我们在一家精神病院共事，随后转入一家门诊药物滥用咨询诊所工作。之后，比尔转行从事法律，当律师和调解员。他结合自己在心理健康、调解和法律方面的经验，提出"高冲突人格理论"，在法律界推行了十五年以上。他也为职场人士提供咨询、建议和培训。乔琪在之后的二十多年中，担任过多个心理健康与药物滥用项目的治疗师及主任，也是医疗体系内的一名员工援助师（Employee Assistance Professional）和化解职场冲突的培训师，积累了二十多年的治疗经验。

关于高冲突人格者以及运用CARS方法与之相处的问题，我们为大量私企、政府机构、大学、企业的管理者和员工举办讲座，提供咨询意见。本书是我们第一本专为在职场环境运用CARS方法而写的书。我们希望展现它在任何场合（包括你面对的）下的应用方法——帮助你领会应该做什么、不应该做什么！

什么样的人是高冲突人格者?

我们首先要了解高冲突人格者,才能更好地和他们打交道。想一个你在生活中接触的、大致具有前文中所讲的高冲突人格者四种关键特征的人。这个人的这几种特征,可能比较温和,也可能比较极端。注意,不要跟这个人说,你觉得他是个高冲突人格者!

高冲突人格者的范围很广,虽然你一般没法立刻识别出来,但其中一些人比另一些人要难处得多。你想的那个人是否从一开始就明显是高冲突人格者?还是他本来工作很顺利,但在密切的工作关系和紧张的工作环境中感到吃力?有时,高冲突人格者一开始就很明显,但在很多情况下,他们的行为是在出人意料间引起你的注意的。

他们很难对一般的合作解决问题、互相让步和协商等方式做出回应。他们怀有对抗思维,无法与人达成共识。所以他们与你的分歧会越来越大,牵扯的人力、资源和时间越来越多,殃及身边的每一个人。你想到的那个人符合这份描述吗?

前文提到的四个关键特征,决定了高冲突人格者会频繁与周围的人发生冲突,不仅在工作中,也在他们的家庭和社区生活里。这是他们行为的常见模式,是他们人格的一部分,即他们通常的所想、所感与所为。

你能想象那位高冲突人格者在生活中的各个方面与他人发生龃龉的情景吗?这并不少见,但也非我们所乐见。如果能认识到,你的那位高冲突人格者如此行事并非本意，而是身陷于自伤行为之中，情形或可好转。高冲突人格者可能根本看不到自己在做什么，因为有某种东西阻碍着他们看到自己在问题中所应承担的责任。也就是说，他们不会做出任何可以让事情变得更好的改变。他们紧盯着别人的行为，然后在每一场冲突里指责他人。

高冲突人格模式

换言之，如果出现问题、爆发冲突，出现的"问题"通常并不在问题本身。高冲突人格者的人格才是真正的问题，其潜在的人格模式通常包含以下方面：

（1）**顽固不妥协**。他们一直重复相同的控制性手段，哪怕这些手段并不起作用，甚至会把事情搞得更糟糕。

（2）**难以接受损失或失败**。他们把最小的挫折也当成对自我形象的巨大威胁。

（3）**思维被负面情绪占据**。愤怒、窘迫、恐惧和嫉妒等情绪往往主导着他们的思维。

（4）**无法反思自己的表现**。他们看不到自己的行为导致了问题，甚至可能就是引发问题的原因。

（5）**很难对他人感同身受**。他们通常无法将自己与他人换位思考，或是从其他人的角度看待事情。

（6）**专注于"指责"**。问题发生后，他们把全部精力都用在指责他人身上，而不会往前看或积极解决问题。他们逃避承担问题的责任，也不会改变自己的行为。他们还会逃避找到解决方法的责任，因为他们不认为自己与问题有什么关系。他们反倒会紧盯着其他人的行动，并且一心和他们作对。

他们"指责"的对象可以是任何一个人。这个人通常毫不知情，然后就落入了高冲突人格者的靶心，莫名其妙受到指责。问题其实不在这个人，也不在于他做了什么或没做什么。问题其实在于高冲突人格者。

高冲突人格者持续不断地寻找指责对象，因为指责他人能让他们的自我感觉更好，让他们感到更安全、更强大。然而这些正面感觉并不持久，很快他们又会陷入沮丧，然后接着指责别人。这种行为模式是自发的，他们自己通常意识不到。也就是说，他们看不到自己做了什么，也完全感觉不到自己做的事起着负面的作用。你不要想去说服他们承认自己有问题，否则他们会把你的生活搞得愈加糟糕。

（7）不断召集"负面拥护者"帮他们一起攻击指责对象。虽然高冲突人格者可能看上去（也确实是）非常具有侵犯性，但不可思议的是，他们的内心却总是会感到虚弱、受伤和无力。他们中的许多人会对愿意倾听的人大吐苦水。他们不停地寻找盟友，使其成为自己的负面拥护者。这些人会站在高冲突人格者这边，原谅他们的高冲突行为。任何人都可能是他们的负面拥护者：朋友、家人，甚至同事或其他职业人士。

负面拥护者通常不知道高冲突人格者的所有行为，却将情感寄托于高冲突人格者的表演当中，这表演充满了高冲突人格者的愤怒、伤心、恐惧以及其他情感。有的负面拥护者也是高冲突人格者，但他们大多数更可能只是普通人，只是在高冲突人格者的情感中沉浸了太长时间，在情感上被高冲突人格者"锁死"了。因为情感会通过情绪传染，而高冲突人格者的情绪非常具有感染力。

故而，负面拥护者也随之被带动起来，与高冲突人格者一道攻击指责对象。这是很让人震惊的事情。特别是有时候，那位负面拥护者是职场里非常可靠的人，而相应的高冲突人格者本人却不太靠得住。

（8）他们可能看上去很有魅力、头脑聪明、讨人喜欢、乐于助人，不像高冲突人格者。 高冲突人格者往往叫人难以察觉。他们通常看上去不像高冲突人格者，至少一开始不像。但他们只要遇到了问题，或是和别人起了冲突，就可能会显露出强烈的情绪、极端的想法与行为，把身边的人吓一大跳。

一个人是否是高冲突人格者与其智力无关。高冲突人格者里有非常聪明的人，也有不那么聪明的人。高冲突人格模式与人际关系以及冲突有关，而不关乎智力，即便是很聪明的高冲突人格者也会举止糟糕。

工作中常见的高冲突行为

以下驱动力致使高冲突人格者对指责对象施加各类重复性的高冲突行为：

· 行动上不合作（通常极度消极）

· 举止粗鲁

· 欺凌他人

· 散布谣言

· 故意抹黑指责对象的形象

· 破坏工作项目，使指责对象看起来很糟糕

· 在员工中制造针对指责对象的不信任氛围

· 操控员工彼此对立，增强混乱效果

· 在公共场合进行个人攻击

· 骚扰他人，性骚扰、肢体骚扰等

· 提起毫无价值的诉讼

· 对他人进行严重的暴力威胁

· 对他人实施暴力

这些行为往往会激起他人（尤其是指责对象）做出看上去也很像高冲突行为的反应。这就是同事、老板和局外人常常将指责对象误认为是高冲突人格者，而忽视真正的高冲突人格者所做与将要去做之事的原因。因此，运用CARS方法，而不是一味地对抗或指责高冲突人格者是非常重要的，这样你看上去就不会像是高冲突人格者了。

从普通人到高冲突人格者的连续谱

至此，我们要着重指出，在面对冲突时，各种人格的行为构成

了一个很宽的连续谱（见图1.1）。人格在普通回应区间内的人，对困难的处境大体会采用普通且能够解决问题的回应方式。高冲突人格者则多少会具有高冲突回应的重复模式。一些人没有另一些人那么"高冲突"，因此相处起来相对不是那么难。一些"普通"人可能会偶而看上去像高冲突人格者。这里并没有明确的分界线，所以最好把某个行为识别为人格连续谱中相处难易情况中的某一种。记住这点不会错：你可以在任何时候对任何人运用CARS方法。当然，更重要的是要对高冲突人格者运用这个方法，因为"普通"的回应（试图让他们自省、给出负面反馈、变得生气等）往往会让情况变得更糟。

普通回应区间		高冲突人格	
有效解决问题	相处难易视情况而定	高冲突行为模式	人格障碍

图1.1　人格连续谱一览

　　不过，分辨高冲突人格与普通人格之间的区别会很有用。图1.2给出了一份详细的人格连续谱用以区分这两者。高冲突人格者的反应更多是因为人格本身，而不是情境，并且倾向于采取更极端的反应。但他们已然分布在一条从很难相处到不那么难相处的连续谱上。

普通回应区间		高冲突人格	
有效解决问题	相处难易视情况而定	高冲突行为模式	人格障碍
	长时间工作	通常很顽固/不妥协	自恋型
	困难局面	不会自我反省	边缘型
	离婚	很难对他人感同身受	表演型
	失业	指责他人	反社会型
		逃避责任	偏执型
		仓促下结论	
		防范心理强	
		无法应对批评	
		要求特殊待遇	
		持续伪装表演	
		操控他人行为	
		频频发怒	

图1.2 详细的人格连续谱

五种高冲突人格类型

下面五种人格类型通常出现于高冲突职场纠纷中。我们在本书中列举了每种类型的案例，帮你看看为什么这些人总是和亲近他们的人或公司的上下级发生冲突。在你阅读下面的描述时，看看你之前想的那个人的行为是否符合其中的某种（或多种）模式。

自恋型高冲突人格者

这类人非常自负，心里只想着自己。他们着力想让自己看上去比其他人优秀而且重要。他们寻求他人对自己的持续的崇拜与赞美，得不到就生气。他们有很强的控制力，极度蔑视身边的人，对身边的人很刻薄。一旦他们感觉受到了侮辱或冒犯（哪怕实际并没有），他们就会变得暴怒、恶毒，有时还会很凶暴。

他们在感到无力与处于弱势之时，可能会制造不实的消息，散布有关他人的谣言，来获得控制感。他们一门心思给身边的人"分类"，把一部分人看作是上等人，另一部分人看作是下等人。他们常常以轻视与不敬的举止对待低于自己的人，而在对待高于自己的人的时候表现得非常谄媚，即"欺下媚上"。

他们常常寻求高于他人的权力地位，担任团队领导伊始，可谓相当引人注目，说话也有分量，但一旦对他们产生过高的期望，他们的形象往往就会崩塌。一些位于人格连续谱末端的人具有自恋型人格障碍（Narcissistic Personality Disorder, NPD），常常内心感到无助与弱小，并暗怀恐惧。不过，并非所有的自恋型人格障碍者都是高冲突人格者，因为他们不会集中精力去指责某个人。

若想获知更多每类人格及其驱动力的信息，可以参阅比尔的《这事儿都怪你！应对指天怨地者的12条建议》。

愤怒型（边缘型）高冲突人格者

愤怒型的高冲突人格者具有极端的情绪波动，前一秒还很友好、可爱，下一秒突然就怒气冲冲、指天骂地。他们深陷被人抛弃的恐惧之中。只要他们感觉被抛弃了（即便实际并非如此），他们就会暴怒、怨恨，有时还很凶暴。他们对他人有很强的操控力，主要是为了防止被他人抛弃，或是惩罚那些让他们觉得抛弃了他们的人。有时，他们会说假话，还会散布谣言。他们经常给别人"分类"，把他人看成纯善或纯恶的人，对待这两类人的方式也大相径庭。有时他们会莫名其妙地突然把密友看作仇敌。一些位于连续谱末端的人具有边缘型人格障碍（Borderline Personality Disorder, BPD），他们沉浸在隐忧之中，担心最在意的人会抛弃自己。但许多愤怒型高冲突人格者并没有边缘型人格障碍，所以我们把这个词（边缘型）放在括号中，以表明某些高冲突人格者的行为会与这类障碍重叠。而许多具有边缘型人格障碍的人也不是高冲突人格者，因为他们不会集中精力去指责某个人。

怀疑型（偏执型）高冲突人格者

内心怀揣恐惧、疑心他人企图控制或伤害自己，是怀疑型高冲突人格者的关键特征。在工作中，他们常常幻想其他人在暗中与他们作对，或要抢走他们的工作，或要把他们赶出公司。他们疑虑重重，认定亲近他们的人早晚会背叛他们。他们有时会先下手为强（从言语或肢体上），以免别人突然袭击他们（即便没有人真的打算攻击他们）。一些位于人格连续谱末端的人具有偏执型人格障碍（Paranoid Personality Disorder, PPD），他们害怕被亲近的人背叛。不过，许多具有偏执型人格障碍的人并不是高冲突人格者，因为他们不会把精力集中于去指责某个人。

欺骗型（反社会型）高冲突人格者

欺骗型高冲突人格者是最危险、最无情的一类人。他们往往以让他人受苦为享受，喜欢主导、控制别人。他们毫不在乎规则，想要什么就要什么，为此可以不择手段。他们长期欺骗他人，做事毫无悔意，具有高度操控力，往往能说服别人，让别人认为他们是受害者，而非做出卑劣行为之人。他们把别人看成富有权势之人或是罪有应得的傻瓜。在他们眼里，暴力复仇或让别人受苦往往是天经地义的事情。一些位于人格连续谱末端的人具有反社会型人格障碍（Antisocial Personality Disorder, ASPD）。电视剧《纸牌屋》里的虚构人物弗兰克·安德伍德（Frank Underwood）是一个很好的例子。如果他们也害怕什么，那么他们主要害怕的就是被别人主导。不过，一些具有反社会型人格障碍的人并不是高冲突人格者，因为他们不会把精力集中于去指责某个人。

戏精型（表演型）高冲突人格者

符合这种人格类型的人通常过于做作，情感非常强烈。他们总是说自己受这个人或那个人的残害，还会没完没了地描述出跌宕起伏、亦真亦假的细节。他们能够嗅探你的注意力，一旦吸引了你的注意，他们就不打算放你走了。他们寻求别人去解决他们的问题。

在事实和情绪上，他们都会夸张再夸张。不论作为顾客还是员工，他们都会占用你很多时间，因为他们总是对普通的问题反应过头。一些位于人格连续谱末端的人具有表演型人格障碍（Histrionic Personality Disorder, HPD），他们陷于被忽视的恐惧之中。不过，许多具有表演型人格障碍的人并不是高冲突人格者，因为他们不会把精力集中于去指责某个人。

RAD方法

现在你对五种高冲突人格者已经有所了解，或许你已打算向身边的高冲突人格者挑明一切，想着最好能改变他们或是让他们别再烦扰你。别痴心妄想了！你更可能惹火他们，让他们抗拒改变。所以，提都别提你是这么看他们的。

反之，你若想好好处理你们的关系，就应该关注你是怎么回应他们的。你可以考虑一下我们的"RAD方法"，只要辨识出可能的人格模式，然后将你的做法进行相应的调整就行。别想改变他们，要改变你的做法：

- 辨识（Recognize）出潜在的高冲突人格模式
- 相应地调整（Adapt）你的做法
- 用CARS方法传达（Deliver）你的回应

为什么RAD方法这么重要呢？因为高冲突人格者的高冲突性思

维往往是环环相扣的（如图1.3所示），如果不遵循RAD方法，你就有可能加强他们的高冲突性思维，而不是让他们关注于解决问题。

图1.3　高冲突性思维循环

高冲突性思维循环

理解高冲突性思维循环，将有助于你避免出现给予高冲突人格者负面反馈的错误（即便这是你非常想去做的事情）。这个循环也表明了，为什么在回应潜在的粗暴行为时，运用CARS方法那么重要。

错误评估危机

高冲突人格者会感受到很严重的内部焦虑，但这些焦虑在感觉上却像是外部的危机。例如，前面列举的五种高冲突人格者都分别被一类恐惧主导：

·害怕被低人一等地对待（自恋型）

- 害怕被抛弃（愤怒型）

- 害怕被背叛（怀疑型）

- 害怕被支配（欺骗型）

- 害怕被忽视（戏精型）

此外，所有具有这些人格的人都常常会以下列方式在脑海中扭曲事实（大部分是无意识的）：

- 非此即彼的思维方式

- 直接跳到结论

- 情绪化推理

- 归己化

- 夸大恐惧

- 读心

- 眼光狭隘

- 一厢情愿

这些长期的恐惧与扭曲导致他们将面临的情况视为危机，哪怕他们可能处于绝对安全之中，或只需保持少许的警惕。正是他们错误评估危机（MAD），才导致了他们的行为。

行动上采取对抗性防备

错误的危机感致使高冲突人格者对身边的人表现强势，他们通过口头、肢体、法律、经济或其他途径攻击他们感觉到的攻击源。如果他们真的身处危机，那么他们的行为就是合理的。这便是对抗性防备行为（BAD）。

对于与这种行为有关的问题，高冲突人格者一般会做出分类与投射。

分类： 高冲突人格者会在心中将人分为"纯善"（自己与盟友）和"纯恶"（敌人与非盟友）两类。他们也会无意识地"割裂"自身无法容忍的性格特征（软弱、多愁善感、控制欲强、爱撒谎等），从而在冲突中将自己归入纯善一类。这是高冲突人格者心理上的防御机制。

投射： 他们下一步就是将这些无法容忍的性格特征"投射"到其他人身上，以此将其完全抹杀。而这些人就是他们的攻击对象。在这一心理过程中，高冲突人格者通常会把亲密之人或权势人物当成"纯恶"的靶子。

不巧的是，那些不懂得这种心理过程的人，往往会着意于分析责备对象有多坏。而这其实与责备对象没有一点关系，而应该找到做出分类与投射的高冲突人格者。这个过程很容易导致针对个人与雇主的起诉。

负面反馈

最重要的是，负面反馈让高冲突人格者的行为升级，并且促进了整个高冲突性思维循环流动，因为他们把所有反馈都解读为威胁。若反馈带有下面任何一种特征，他们便越是如此：

- 个人化
- 带有负面语调
- 着重于过去的事情

·传达的时候伴有激烈的肢体语言

不过，当前研究显示，即便是普通人也会消极看待有关过去行为的反馈。人在听到反馈后，会关闭灵活的思维进程，触发战斗或逃跑的紧张反应，变得抵触改变，而非促进改变。考虑到这一点，我们认为不应再关注"反馈"方法，而要关注"前馈"（feed forward）。

前馈

着重于将来，而不是过去的行为，有助于处理大部分冲突场景，并能够让高冲突人格者做出改变。CARS方法就是根据这个原则建立的。尽管出于纪律上的目的，你或许需要说一说过去的行为，但如果你真的想改变对方的行为，减少其防范心理，那么你就应该强调将来的事情。以下是建立前馈体系需要考虑的初步想法。

·着重于将来，要让事情向前发展，你现在可以做什么？

·着重于过去只会引起对方的防范心理，让其对改变行为更加抵触（没有动力）。

·你的目的是什么？朝这个方向思考。

·让员工/管理人员参与决定前馈目标，最好能利用他们的权力与职责。

·让员工/管理人员确认前馈方案中出现的阻碍或"问题"，并一同商议解决它们的方法。

·一同决定，在获得成功的结果所需要做的事情上达成一致。如若可能，进行客观检验也是很重要的。

·这个过程不会奇迹般地改变对方，或保证得到成功的结果。但在一切尘埃落定之后，它能得到的结果胜过任何反馈式讨论。

·前馈是调整（RAD中的"A"）行动方法的一条关键原则。前馈把你导向将来，而不是过去。这个方法让你不再尝试让对方省察他们的既往行为，而是将其注意力转移到现在应该做什么才能向前发展上面。前馈有助于你找到改变与管理自身回应的方向，而不是尝试去改变对方。CARS方法施用了RAD的关键原则。

模式大转变

你的焦点应该是你与对方的关系，而不是眼前情形的结果。注意你应该如何与高冲突人格者交谈，如何回应，以及如何将谈话导向合作与同情这一方向。

矛盾的是，在你关注与高冲突人格者的关系而非结果时，你更可能得到积极的结果。

为什么要与高冲突人格者打交道

在一个完美的世界里，如果一个人用敌对的态度冒犯你，你可以一走了之。但高冲突人格者在工作中之所以如此恼人，其原因就在于我们走不了，我们必须与他们打交道。就像学校里的某个学生总是受到几个同学的欺凌，或是医院里的某个护士一直遭受某个医师奚落一样。

　　继续教育、保住工作以及在我们选择的职业上晋升，常常要思考如何在受制的环境中行动。在这里，放弃一切一走了之根本不在选择之列（或至少不是没有严重后果时的选择）。我们在工作场所中更是如此，我们每天花在顾客、同事和客户身上的时间，比和我们所爱之人相处的时间还多。那么，也无怪乎与高冲突人格者打交道会成为我们工作中遇到的最普遍、也最有破坏力的一种经历了。

　　例如，2010年，在佐格比国际公司（Zogby International）与职场欺凌行为研究会（Workplace Bullying Institute）合作的一份研究中，研究者发现35％的美国人说自己在工作中受到过欺凌，另有15％的人亲眼见过欺凌行为，但自身没有遭遇过欺凌。据报告，在工作环境中，68％的欺凌行为发生在同性之间。换言之，男性倾向于欺凌男性，女性则倾向于欺凌女性。

　　与流行的观念不同，一个人的受教育程度与欺凌经历无关。据高冲突行为受害者称，不论被施暴者有无大学学历，他们受到言语羞辱的比例都大致相当。在研究报告中，受过高冲突人格者欺凌的人有教师、护士、律师，甚至大学教授，而施暴者往往是其他教师、护士、律师和大学教授。

　　这些统计结果非常重要，理由有这么几个。其一，如果你在阅读本书，并打算将书中的方法应用到自己的工作中，你大概已经了解身为指责对象的挫败与羞辱感了。不只你是这样，高冲突人格者在工作环境中的欺凌或其他负面行为，比大部分人认为的更普遍。

你的同事或老板不谈这件事，并不会减轻那些负面行为对你的伤害。其二，高冲突人格者存在于商业世界的每一层级。别以为你的老板是知名商学院的工商管理硕士，他就能把自己管得比其他人更好。其三，高冲突人格者会对受害者的职业生涯造成长期的影响。受害者更有可能换工作，在职业道路上受到干扰，还会引发极度紧张或其他健康问题。

关于本书

本书可结合它的前身《这事儿都怪你！应对指天怨地者的12条建议》（*It's All Your Fault! 12 Tips for Managing People Who Blame Others for Everything*）一同使用。这本书对高冲突型人格做了更深入的解读，并解释了在职场中各种情况下使用CARS方法的基本原则。本书也可以单独使用，适用于每个职场人。本书自成体系，着重于在工作中与高冲突人格者发生冲突时，应该做什么和不应该做什么，并教你如何变得更强大，以及更好地掌握自身与眼前的情况。

书中的大量案例来源于我们自己的管理经验和客户咨询经历（为保护个人隐私，变更了身份信息），还有公共记录中的案件以及为了说明关键原则而完全虚构的案例。

尝试新方法

千百年来，人们发现适应与改变是生存的关键。而在应对具有高冲突型人格的同事、管理者或工作中的其他人时，虽说范围小了很多，但我们也可以说"适应与改变是生存的关键"。尝试新的交流方法并不是说你之前做错了什么。但能够改变的人，总能在战术上领先不能改变的人。

阅读本书的案例、学习与高冲突人格者相处的技巧，你的心理承受能力就能更进一步，有利于改善自己的行为，从而管理自己与高冲突人格者的工作关系——如果这是你的目标的话。这一事实可以让你更有力量。它意味着你可以选择如下事情：

·感受更少的被控制

·感受更少的困顿

·更好地了解生活中的高冲突人格者

·作为其他受到伤害的人和指责对象的楷模

·在工作中作为一个拥有自控能力、可以满怀自信地处理各类情况与履行工作职责的人而受到尊敬，这些是任何职业变动都需要的优秀技能

阅读本书时，你如果看到某些自己也具有的特点，请不要惊讶。我们都有一些高冲突人格者的特征，因为这是人类的共性。高冲突人格者与理智者的关键区别在于，理智者能够自我反省，然后努力改变，高冲突人格者则一味盯着别人，完全不会试着改变

自己。

必须在此重复一遍我们在开篇所说的话：本书的目的，是帮助你明白应该做什么和不应该做什么（这两点同样重要），从而与各种地方的高冲突人格者打交道。你无法改变高冲突人格者，但你通常可以通过管理（有时需要改变）你自己的回应方式来处理你与他们的关系。

我们就从CARS方法开始吧。

第二章

CARS方法

我们提出CARS方法是为了应对高冲突人格者的四个关键特征。

一味指责他人：他们会下意识地带着偏见去看待其他人、世界以及问题。他们夸大事情的负面与正面，而如果其他人没能达到他们想象中那样不切实际的正面，他们就把这正面扭转为负面。他们把并非针对自己的事情看作是针对自己的，然后进行反击。他们的情感会干扰他们的逻辑思维，所以他们对其他人的看法都是扭曲的。然而他们毫无疑问地相信这些扭曲的结果，然后因为各种事情指责其他人。

不能接受变通：他们要么控制关系，要么避开关系。他们把其他人看成纯善或纯恶的人。因此，他们的人际关系往往都不现实，总是危机频频。他们通常希望拥有安全感，但又常常和自己过不去，导致关系不稳定，甚至都不明白原因何在。他们常常在工作中寻求满足紧张的人际关系的需要，而在职场这几乎是不可能的。

情绪不受控制：他们的反应容易受情绪影响，而且关注于过去。向前看对他们来说很难，因为他们过于沉浸在他们的情绪化反应中。他们一味地争论谁才是问题的始作俑者，而不去分析问题，找到解决问题的方法。（注意，他们中的有些人不会把情感上的不安显露出来，而是悄悄地复仇或证明一切的心理侵蚀。）

行为偏执极端：问题恶化时，他们在行为举止上容易变得更加极端，不会退一步，不会尝试另一种方法。他们不会将问题与所做的事联系起来，所以他们只会一心打算改变或驱赶他人。如若这个方法不奏效，他们就会变得更加焦虑、绝望，然后在错误的方向投入更多的精力。

如何运用CARS方法

不过，这些特征都只是不好的一面。好的一面是，大多数高冲突人格者都有一系列宽泛的行为，可以用正确的方法加以影响。你可以通过你的回应，引导出他们最好或最坏的一面。我们设计的CARS方法，能帮你管理自己的回应方式，加强他们好的行为，让他们冷静，然后重新引导他们的注意力的方向。

放弃让他们省察自己

与高冲突人格者相处，最难"达成"的一件事就是跟他们讲道理，让他们省察自己。这样的做法一般都会失败。我们一遍遍地听到："他只是还不明白。我怎样才能让他看到自己在做什么呢？"或者听到"只要我帮她指出她哪里做错了，她就会对我大吼大叫，说她不在乎也不知道！"

别痴心妄想了！留着你的精力，别抓狂，你不是要让他看到或理解什么。但这不是说你就不能很好地与高冲突人格者相处。反之，要运用CARS方法的四个关键技巧控制你自己的回应行为，它们是为应对上述四个关键问题而特别设计的。

替代方法：对右脑说话！

少许脑科学知识可以帮你描绘并记住为什么你需要用CARS方法，而不是尝试让一个高冲突人格者去省察自己。

我们的大脑有两个半球（左脑与右脑），分别注重两种不同的思维类型（尽管也有一些重叠）。左脑更讲逻辑，倾向于关注分析细节、计划未来、思考行动的后果、言语措辞以及在做这些工作时保持冷静。大部分的时候，左脑都在主导大脑运转，整天都忙着解决需要逻辑的问题。

右脑更关注我们与其他人以及周围世界的关系。它更注意人的非语言交流，包括语调的含义、面部表情还有手势。它看的是整体的情况，大体上是很多创造力、直觉、"灵机一动"和艺术思维的来源。

但右半球也会密切注意我们是处于危险状态，还是可以放松的状态。我们那些防备性、保护性的情绪主要是右脑产生的。在经历危机或是面临全新的情况时，我们的右脑会主导大脑的运转，右脑的杏仁核尤其擅长关闭逻辑思维，以此专注于用战斗、逃跑或僵立三种快速反应来保护我们。

另外，有研究显示，一些具有人格障碍的人的胼胝体更小。胼胝体是连接两个大脑半球的通道，可以帮助两者良好协作。所以，如果具有人格障碍的人真的感到沮丧，他们通常会更难冷静下来，因为在沮丧时，他们的大脑运用逻辑功能的能力更弱。

CARS方法就是为解决这些问题而设计的，这样你可以更有效地安抚高冲突人格者沮丧的心情（对右脑说话），然后把他们的注意力转移到解决问题上（让他们的左脑介入）。

想象这么一个人，他在用逻辑思考着某事，左脑正愉快地解决问题，右脑基本上没有活动。然后，再想象一个人突然沮丧起来，他的右脑跳出来活动，而左脑则在此时关闭。当然，这个虚构的场景并不准确，但它有助于你理解，为什么首先与高冲突人格者建立情感联系那么重要。你需要连接他们的右脑，让右脑冷静，然后左脑才会再次启动。之后，你再专注于分析、回应以及施加约束上。

CARS技巧

你可以一步步地连续使用这四个技巧，也可以在任何时候单独使用其中的一种技巧，这要看哪一种技巧最适合你所面临的场景。这次"用EAR表达建立情感联系"可以处理问题，下次或许"对行为施加约束"才是解决问题的唯一办法。

CARS=用EAR表达建立情感联系（Connect）

尝试安抚高冲突人格者情绪的第一个技巧，是与对方建立简单的正面联系。当然，大部分人在受到指责或攻击时的第一反应就是反击，比如"去你的，才不是我的错，这全是你的错"。尽管这可以让理性的人停下来分析眼前的情况，但对高冲突人格者来说，这个回应只会让他的情绪更加糟糕，并增强其做出对抗性防备行为的可能性。在这种情况下，用一种充满同理心、关怀或尊重的表达就很有作用了，我们称之为"EAR表达"。

刚开始可能会非常困难。不过，EAR表达通常都能让高冲突人格者很快平静下来，至少在短时间内足够调动他们解决问题的能力。牢记之前的脑科学知识：你在运用EAR表达技巧的时候，是在"对右脑说话"。安抚他们的右脑，你就创造了让他们与你合作而不是对抗的机会，可以用来解决问题。运用EAR表达技巧足以消除高冲突人格者的防备之心，这样他就更会把你当成盟友，而不是敌人，进而解决逻辑问题（运用左脑）。

大家在运用EAR表达技巧的过程中，需要关注的一个问题是，高冲突人格者会认为你站在他那一边。但是，EAR表达并不意味着同意他们指责的事情。对纠纷与具体细节保持中立依旧很重要。你不必同意高冲突人格者的观点；与人共情，而不要与指责共情。

同理心

同理心是能够真挚地理解并关心他人感受与生活经历的能力。它和"同情"不同，同情是对处于弱势地位的人心怀悲悯，但完全不理解对方。而同理心指我们与他人感同身受，并意识到我们也会遭遇相似的境遇。

例句：

"令堂去世，你的悲伤我感同身受。"

"你想在周一之前得到答复的心情，我感同身受，我也确实希望能让你早点知道结果。"

你也可以用"感同身受"之外的词。

"我能理解情况有多糟糕。"

"很抱歉让你处理这个问题。"

"哇哦！我明白这个计划对你有多重要！"

"我知道你在担心结果出来会怎样。"

关心

让对方知道你确实想关心他的感受。高冲突人格者把大量的精力花在获得别人对他们的关心上，但在这个过程中他们却让人敬而远之。大部分人都尽量不和高冲突人格者打交道。因此，仅仅表现出对他们的理解，给予他们充分的关心，往往就足以让他们冷静下来，因为他们不必再专门争取你的注意了。

若要给予他人充分的关心，你必须在一段时间内专心倾听他说的话，不要打断他。这样你就能很好地理解他所经历的事情。然后，你可以说些什么，表示你听到了对他很重要的事情，这样他就会觉得你确实在关注他，而不只是随便回应他。你还可以带着好奇回答说，想听听更多有关他的事情，这样你就能更好地理解他在当下情景中的感受。

例句：

"我听说了，明白周末前完成报告对你有多重要。"

"我了解了，你的预算可能会受到这份研究结果的影响。"

"告诉我更多关于你的事情吧。"

尊重

让对方知道你确实尊重他们，可以是尊重对方的成就、习得的技能或是某项正面的个人品质。像同理心一样，这需要保持平等的态度，不能让人觉得傲慢。

例句：

"你真的是一名优秀的记分员，也是一个做事非常有条理的人。"

"你这么努力地收集这件事的信息，并把问题通知我们，我深感敬佩。"

"我理解你很在意我们没有回复你的事。我向你保证，这件事对我们也很重要。"

语调以及肢体语言

运用EAR表达技巧时的语调非常重要，听上去不能让人感觉颓丧、严厉、高傲、无力或冷淡，而应该显得关心、开朗、好奇以及友善。这些让人镇定的语调可以起到巨大的作用。

你也可以用肢体语言表达出同理心、关心和尊重：

· 身体前倾，表示你确实关心对方

· 保持"目光接触"（持续关注对方）

· 上下慢慢地点头，表示感兴趣

言行诚实

沮丧的人对谎言通常极度敏感。如果你确实不能对对方持有同理心，那就想想他做过的什么事情让你佩服。如果你对他还是找不到任何的同理心或敬意，那就不要说了。你不要去假装这些事情。

如果你确实无法对对方感同身受或是尊敬他，那么只关注他就行。你可以一直说："告诉我更多的事情吧。"这也可以让对方冷静，因为这句话告诉他们，你不需要他们解释什么，会一直听下去。如果你的肢体语言显示你愿意倾听，大部分沮丧的人都会觉得好受些，然后冷静下来，告诉你事情的经过。

你不必一直倾听

EAR不只是倾听，它是一种表达，你可以在任何时候用来应对他人沮丧的情形。如果你还有别的事情要忙，它也可以帮你圆满结束一场对话。我们都知道高冲突人格者喜欢说个不停，但记住高冲突人格者往往不会因为诉说自己的故事或痛苦而变得轻松，他们说得太多时，往往已经陷在里面了。悲哀的是，他们往往还是会沉浸在痛苦之中，而一般人通常能够就此自愈并走出困境。

他们常常想抓住其他人给予他们同理心、关心和尊重，所以即使你只是用EAR表达跟他们说话，他们或许就会觉得没必要一直说下去，或说那么久了。大部分情况下，你可以告诉对方，你如何与对方感同身受或如何敬佩对方，然后中断与那个沮丧者的对话。这通常足以让他们从痛苦中脱离一小会儿，然后把注意力放在眼前的问题上。

EAR 不代表你同意还是反对

表露同理心、关心与尊重，可以帮助你与沮丧者的联系变得正常，但这不代表你同意或反对对方的观点。纠结于讨论"问题"简直再常见不过了。但对高冲突人格者而言，"'问题'并不是问题"，而是他们无法控制自己的情绪，有时还无法控制自己的行为。如果高冲突人格者问你是否同意他的观点，你只需回答说你不可能知道事情的全貌，但你很关心他，而且希望用你能做到的方式为他提供帮助。

保持"一臂长"的关系

对沮丧的人表露同理心、关心与尊重并不代表你和他关系亲密，你仍然可以与之保持工作关系、同事关系、邻居关系等。实际上，明智的做法是不要与高冲突人格者太过亲密，这样你就不会让他们期盼你为他们的幸福负责，或是打算用超出你预期的时间和他们待在一起。

不适用 EAR 表达的情形

在某些情形下用EAR表达并不合适。如果与对方谈话有危险，或是通过信件、电话和电邮等方式与对方交流，那么就不要用EAR表达。如果你是某个高冲突人格者的暴力受害者，最好还是完全远离这个人，然后让别人与他直接接触。

CARS=分析（Analyze）选择

如果你在与高冲突人格者建立情感联系之后，希望缓和事态，那么你就要考虑各种选择了。此过程分为三步：

·思考几种可能的选择，然后写下来

·用高冲突思维自查——记住，你也是人（乔琪把这步称为"圣诞步骤"："列一张表，然后检查两遍！"）

·挑出其中一项，然后仔细分析

关键问题

以下是分析问题时，你可以问自己的几个关键问题：

A. 这个选择现实吗？可以实际执行吗？

B. 这个选择能有效地解决问题，或至少可以成功地控制事态发展吗？

C. 这个选择需要其他人介入吗？我可以指望他们援助吗？不要想当然地认为他们会合作，一定要确认他们是否合作。

D. 这个选择的优点和缺点是什么？要详细地问自己，每个优缺点对你有多重要。或许可以给每项打分，如"3=非常重要；2=有些重要；1=不重要"。

　　E. 最可能的"要是……会怎么样"是什么？我要如何回应？

　　F. 还有其他什么我必须去做或者去找的可以确保选择成功的事情吗？

　　G. 过程中每一步的时间表和步骤是怎样的？

　　H. 这个选择与我的价值观以及个人喜好一致吗？

分析"10%方案"

　　在生活中的很多领域，如果事情有10%的进展，我们就会很满意了：

- 减肥之后，你的体重掉了10%
- 你在几个月内减少了10%的债务
- 一年内你的收入增加了10%
- 你的养老金增长了原有的10%

　　你的问题是："我能够在工作中用EAR表达引导高冲突人格者，让自己所处的环境至少改善10%吗？"你要记住，高冲突人格者大多有种非此即彼、不接受变通的思维，很可能连10%的变化都注意不到。这没关系，因为这10%是对你和你减轻的压力而言的。

　　在你开始考虑用"10%方案"分析选择之前，还要先考虑一些问题。你要自问高冲突人格者做的什么事情最让你烦心或讨厌。如果这个高冲突人格者是你的上级或管理者，他是否做了如下事情：

- 将你的创意据为己有
- 用大声、外行的方式对你说话

·对指派给你的项目进行微观管理

带着这些可能，让我们来分析有效运用"10%方案"的方法。

将你的创意据为己有

这种做法相当可恶，而且很可能会一再发生。保护绝佳创意的一种方法，是把这个创意用邮件发给团队成员。在邮件中声明你准备将这个创意告知老板，并询问同事，在你给上级发邮件前，他们还有没有补充或意见。然后，将这个创意发送给老板，并注明你已经让团队讨论过一遍了，而且他们提出了以下意见，或是没有找到什么漏洞。这一策略无法阻止你的上级在他的上级面前把这个创意说成是他自己的，但你的同事都知道那是你的创意。这就是改善，尽管只有10%的效果。

用大声、外行的方式对你说话

对这个问题，你大概需要尝试几种不同的策略来创造10%的改善效果。

策略1：在老板提高音量时，张开手掌，举手示意暂停，然后说："打扰一下。这事儿对你非常重要，我想全面地理解你说的事情。但你说话声音一大，我就很难理解你说的内容。麻烦请再跟我说一下你的关注点。"

策略2：在老板提高音量时，张开手掌，举手示意暂停，然后说："打扰一下。我们到会议室（或你的办公室）谈吧。这事儿对你非常重要，我们应该私聊，这样我才能完全理解你的话。"

策略3：在发生这种事之前，找到你的老板，然后说："有些事想麻烦你一下。你跟我说话的时候，我明白事情很重要，也知道你很忙。但如果你的声音太大（或花式骂人），我就很难集中注意力听你说的事情，可以麻烦你用更平静和私密的方式说话吗？我真的想正确、准确地理解你要我去做和完成的事情。"同样的，你不是要去改变这个人。但如果你能把你的交流效率提高10%，就已经是不错的成绩了。

对指派给你的项目进行微观管理

一种有用的策略是举行周会，你在会上向具有高冲突人格的上级汇报项目的进展，并针对下一步的事宜展开正面对话。之后，你或许可以将会议改为一个月两次，然后每周写一份进展小结交给上级。要点在于，如果你在这里主动，高冲突人格者就不会那么焦虑，而可以接受更少的交流。不过要记住，没人喜欢意外打击，如果你不告诉高冲突人格者情况糟糕的实情而被他们发现，就会激起他们的防备情绪（右脑）。一旦出现这种事情，逻辑与理性就被扫地出门了（左脑）。减少微观管理的唯一途径是通过EAR表达建立他们对你的信任，你按部就班地完成项目，也主动让他们了解你的工作进度。虽然他们不会停止微观管理，但他们或许会转而注意另一个员工，而不再盯着你。

"10%方案"是重要的减压利器。对于初学者，它能增强你的应对能力，并让你能有效处理今后遇到的高冲突行为。它让你关注一个个小的进步，帮你认识到，尽管高冲突人格者可能永远也不会改变他们的行为，但你的策略能为你的日常交往带来改善。

提出或回应建议

第三种分析选择的方法，是提出或回应建议。你几乎总可以将某个过去的问题转变为应对未来情况的建议。之前发生的任何事情都不如现在要做的事情重要。不要去想问题有多糟糕，对高冲突人格者来说，这只会激起他们更多的防备心理和行为。另外，人们对过去发生的事情总是意见不一。根据你的列表设计一个解决方案，然后执行。

提出建议有三个关键步骤。

建议：何人将在何时、何地做何事。

提问：随后，第二个人针对建议提问，如，"如果我同意做这件事，你对这件事的设想是什么样的？""你觉得我要做什么？说得具体一些。""你提议我们应该何时启动？"之后，再由提议者详细地回答这些问题。

回应：随后，第二个人给出如下回应之一，"好的""不行""我要再想想"。

如果他回答的是"不行"，那么就轮到他提出新的建议。

这个方法有助于避免事态升级。它不鼓励对建议进行争论，而这是高冲突人格者经常做的。相反，你只需要真挚地提问和回应。而且，提的问题应该是何人、何事、何时以及何处，比如诚恳地要求："要实现这个想法，你是如何设想的？我的任务是什么？"

不要问为什么，这往往会引发新的争论，比如，"你为什么要提这个？""你为什么不早点提出来？"我们在本章开头提到过，高冲突人格者很容易陷在过去，然后自我防卫，并为之争论。要根据备选建议提出多种专注于未来的问题。我们几乎不可能与高冲突人格者就过去的事情达成一致。

在办公室或其他的工作环境中，事情可能进展很快，冲突可能相当小。我们要注意提问，不要等出了事再去回应，也就是要防微杜渐。

这个方法将高冲突人格者的关注焦点保持在积极的未来，而不是消极的过去。任何对过去的批评都可以转变为未来的建议。尽你所能去提议，也包括其他人能做什么。把你的建议画成一张图：何人将在何处、何时做何事，你的建议越客观、越详细，就越不可能激起对方消极的回应。情绪化的建议或要求通常会激起对方的防备心理，对高冲突人格者尤其如此。

关于提议的更多信息，可参见比尔的《那么，你的建议是？30秒让高冲突人格者从指天怨地到解决问题》（*So, What's Your Proposal? Shifting High-Conflict People from Blaming to Problem-Solving in 30 Seconds*）一书。

CARS=回应（respond）敌意或不实信息

不实信息和强烈的指责在高冲突争论中非常普遍，它们通常是思维扭曲（有时称为"认知扭曲"）的结果。认知扭曲已经由心理健康专家做过研究，尤其是在沮丧和焦虑情绪方面，但也有人格障碍方面的研究，比如阿朗·贝克（Aaron Beck）的著作。大卫·伯恩斯（David Burns）在他早年的自助书籍《伯恩斯新情绪疗法》（Feeling Good）中，指出了认知扭曲的一些例子：

·非此即彼的思维方式（只看到极端情形，不知现实中的中间区域）

·直接跳到结论（不加调查就假设最坏的情形）

·情绪化推理（只认为自己的感觉是对的）

·读心（认为自己知道别人怎么想）

·归己化（认为其他人的行为都是和自己有关的）

最常见的情况是，高冲突人格者意识不到他们的思维当中有扭曲的问题。尽管我们偶尔都会有扭曲的思维，但重要的是"自我确认"使之符合实际。比如，"这真的对吗？还是我直接得出结论了呢？"高冲突人格者往往有很多这样的思维扭曲情况，而且毫无疑问地就接受了它们。此外，他们还常常把这些想法告诉别人，而且意识不到自己看上去有多奇怪。

有时，他们明知故犯地传播不实信息。他们认为必须这么做，以保护自己，躲开身边的危险。这些危险常常来自他们的扭曲思维，但他们意识不到。他们往往真的相信其他人要伤害他们，在他们看来，这正说明采取极端行为很有必要。

虽然你可能会为这样的不实信息愤怒不已，或是觉得世上没有人会相信这些东西，但你还是得处理它们。无视不实信息往往和对其产生过度反应一样糟糕，在我们当前的数字信息交流时代尤其如此，我们几乎不可能消除不准确的信息。

以下三个步骤能帮你考虑何时回应、回应何事以及向何人回应：

- 我应该何时回应不准确或充满敌意的信息？
- 准确的信息是什么？
- 我应该向谁提供更准确的信息？

何时回应

第一个问题是："我真的需要回应吗？"对这个问题，主要有两类回答。

- 如果只是高冲突人格者告诉你不准确的信息，你大概不需要回应。你不太可能改变对方的想法。
- 如果不实信息流向潜在的负面拥护者或是更大的社群（你的办公室、整个公司或公众领域），那么你或许就应该尽快做出回应。你不想让不实信息在别人心中毫无阻碍地扎根吧？他们应当知道自己被误导了（尤其是关于你的不实信息），否则他们就会认为那些不实信息不无道理。

记住，高冲突人格者情绪的传染性非常强。伴随着强烈情绪传递的不实信息很可能在情绪上"锁定"一个或更多人。

我们看到一些指责对象任凭高冲突人格者的不实信息公开诋毁他们。不幸的是，不实信息很快就会变成"事实"。不要认为人们不会上不实信息的当，因为高冲突人格者现场的情绪有很强的说服力。

更准确的信息是什么，如何呈现

我们建议用BIFF回复来回应不实信息：回复要简洁（brief）、信息丰富（informative）、友善（friendly）、坚定（firm）。我们通常需要在不实信息首次出现时（电邮、当面、电话等）做出这样的回复。

简洁——让回复保持简洁。这样可以降低将对话变成长期骂战的概率。保持简洁的回复表明你不希望卷入对峙中。不要回以人身攻击。

信息丰富——回复的主要原因就是更正不准确的言论。重在"只提供事实"以及你想做的准确说明，而不针对其他人的不准确言论。不要对其他人进行负面评论、讽刺、威胁和人身攻击。

友善——有意思考一个友善的回复，可以提高得到一个实际友好回复的概率，或至少得到一个中立的回复。不要给其他人对抗和继续回复的理由。只要确保你的回复听起来很轻松、没有威胁就行。

坚定——明确告诉其他人在这件事上你所知的信息或利害关系，然后便结束讨论。注意不要给出会引起进一步讨论的评论。语言自信，不要询问更多的信息。万一你想知道某个特定问题的答案，就把这个问题表达为答案是"是或否"的形式，然后要求对方在指定的时间给出答复。

有关BIFF回复的更多信息，可参见比尔的《BIFF：如何快速应对高冲突人格者，及其人身攻击、敌对邮件和社交形象破坏》（*BIFF: Quick Responses to High-Conflict People, Their Personal Attacks, Hostile Email, and Social Media Meltdowns*）一书。

向谁提供准确信息

一般来说，你会想告知被误导的那些人。注意，负面拥护者通常是情绪被锁定但什么都不知道或是受到误解的普通人，而不是那些高冲突人格者本人。不过，有一些人是高冲突人格者坚定的负面拥护者，比如他们的家庭成员，或其他长期的负面拥护者。一般而言，回应他们没有意义，因为他们的观点已经受到很深的影响，超出你能修复的程度了。应该给潜在的负面拥护者提供准确的信息，防止他们变成坚定的负面拥护者。

如果不实信息传到你公司的其他人那里，那么回复整个公司对其进行修正通常就非常重要了。虽说大部分人都不会被未经检验的不实信息所营造的情绪锁定，但往往会有人中招。

人力资源案例

在下面这个从比尔的《BIFF：如何快速应对高冲突人格者，及其人身攻击、敌对邮件和社交形象破坏》里摘录的案例中，一名员工在重复犯错，长期渐进式被惩处后遭到解雇。杰里是人力资源部处理这位前员工事宜的专员。他答应在合理范围内协助这位前员工找到另一份工作。他收到这位员工发来的邮件，内容如下。

嗨，杰里！

我这周又有一场面试。好事啊，因为我的医保已经过期了，多亏了你啊。你无权破坏我的事业，并且无权不给我一份好的推荐信。你们这破公司迟早要完。顺便告诉你，我需要一份我最新工作职能表的复印件。我已经问过你三次了，你都没回我。如果要我过去拿，知会我一声。

你的老朋友，
罗贝塔

杰里应当如何回复呢？他应该点破她之前从来没向他要过工作职能表吗？他应该指出她已经被禁止踏入公司一步了吗？下面是他的BIFF回复：

亲爱的罗贝塔，

很高兴你有所进展，不断地接到面试了。我真希望你能找到适合你的公司。在此附上你的工作职能表复印件，希望能帮到你！

祝好！
杰里

这是BIFF回复吗？

简洁？ 对，它非常简洁。

信息丰富？ 对，它表达了他希望她找到合适的职位的想法，他也附上了她的职能表。信中没有听上去让人觉得抵触或是会激起她防备心理的内容。当然，每个BIFF回复都应该适合自己所遇到的情景，所以一个人可能需要与另一个人不同的BIFF回复。杰里认为这就是当前情况下最适合回复给罗贝塔的信息。

友善？ 对，他表达了他的祝愿，并直接回复了她的要求。

坚定？ 对，信中他没有要求任何回复。他给这段对话画上了句号，虽然他知道后续还会再来。回信行文如此简洁，留给她很少（或完全没留给她）回应的余地。

他没有责备罗贝塔的错误信息（她错误地声称问过他三次），也没有让她注意到她已经被禁止回到公司的事。对待高冲突人格者，有时最好把他们的注意力从不必要的事情上转移。当然，如果是另一个高冲突人格者，杰里或许会回复这件事情。BIFF回复没有唯一正确的写法，它最好是能适应特定情形，这要由编写及发送者来判断。

CARS=对不当行为施加约束（Set limits）

在许多情况下，施加约束是引导高冲突人格者最重要和最难的一步。高冲突人格者通常少有自控能力，更易冲动，对自己行为给他人造成的影响没多少意识。而且，他们往往并不关心他们的行为是否打扰或伤害了他们自己或其他人。

约束既可以由个人设置，也可以由团体设置。我们用"团体"这个词宽泛地表示办公室工作组、公司、组织或其他人群。

施加约束的过程有两步：

· 建立或指出规则（比如政策、流程或规定）

· 如果违反规则，会有什么后果

当然，这个简单的步骤在应对高冲突人格者时要困难许多。他们的人格仿佛生来就是为了破坏规则、逃避后果，并且嚣张地宣称规则与后果对他们无效，因为他们是"特别的"人。因此，要想有效约束他们的不当行为，你需要在头脑中多准备几件需要考虑的事情，而这些事情对不是高冲突人格者的人本无必要。这些事情一一列举如下。

高冲突人格者不按逻辑出牌

高冲突人格者会曲解眼前的危险。因此，他们的行为显得很没逻辑，而且往往是自我戕害。然而，他们是看不到这一点的。记住：问题并不是问题，高冲突人格才是问题。

你与高冲突人格者打交道的目的是什么？

主要目的是限制高冲突人格者的行为，而不是"让他们幡然醒悟"或是控制他们的全部行为。因为他们的思维、感觉和行为方式是天生无意识的，如果你的目的是完全控制他们，那你永远都会挫败下去。记住：希望高冲突人格者自省？别痴心妄想了！

放弃让他们自省或是根治高冲突人格吧，专心放在限制上。你真正想要的是通过设置限度来阻止他们采取对抗性防备行为。他们的人格和思维方式改变不了，但他们能明白人们想要和不想要哪些行为。

你有什么权力施加约束？

使用权力是个很重要的概念，但也难以描述。你可能比你意识到的具有更多权力。对初学者来说，你有限制与高冲突人格者接触、限定你们讨论内容的权力。高冲突人格者精力充沛，相当做作，他们的情绪一塌糊涂。你可以告诉高冲突人格者你不想讨论某些话题，或者不想讨论很久。

案例

员工A不断纠缠员工B更改休假日期：

"我跟你说过我不想为你更改休假日期，而且我也不想再说这件事了。我们来谈谈你这个周末的计划。"

这会儿是周一上午9点半，员工A还在你的办公室大谈她的疯狂周末：

"听上去你过了个很有意思的周末，但我要结束谈话了。我必须早点写完报告，这样就可以去接我儿子放学。之后再聊。"

极端情况下，你或许会认定，给高冲突人格者设置有效约束的唯一办法，就是与他们断绝关系。这种做法必须十分小心，以免激发他们的极端危机感，导致他们因为沮丧的感受而攻击和指责你。在这种危机感下，他们可能还会散布关于你的谣言、尾随骚扰你、对你进行法律攻击，有时还会对你施以暴力。

确保给高冲突人格者施加约束时保持自信。这种经历让人非常紧张，因为高冲突人格者会极度抗拒任何反馈或限制。普通施加约束的努力往往会失败，所以只好放弃、服输，但这只会强化他们的高冲突行为。

组织有什么权力施加约束？

你可能需要一个或几个人和你一起对高冲突人格者施加约束。你的团体可以是你的同事、管理者、工会或人力资源部。一个团体总有权力组织可以对高冲突人格者施加约束。

另外，你的团体或许训练过专人来协助解决冲突。以下是一些帮你施加约束的实际资源，各自有其优点和缺点：人力资源部门、员工援助专员、申诉专员以及其他资源。你可以查看章程手册、与工会代表交谈或是咨询人力资源部门等，来了解雇主的规定与资源。不要孤立自己，跟别人谈谈。如今，你不是单独一个人与高冲突人格者打交道。记住我们在本书开头说过，高冲突人格者到处都有。

不要让约束出自个人，要把它解释为"外部原因"，比如某条规则"要求我这么做"或"不允许我这么做"。

高冲突人格者常常会觉得事情是针对自己，好像你是刻意在和他们作对。尽可能强调你只是想助他们一臂之力，而你必须照章办事。如果你所在的职场对此事没有对应的制度，就告诉他们稍后回复，然后把制度制定出来。

高冲突人格者具有在任何组织流程中找到漏洞的手段。如果你的职责也是如此，那么先制定一份制度，让他们知道怎么回事，然后跟进执行。这可以让高冲突人格者感受到更强的组织感和安全感，尽管他们并不说出来。给高冲突人格者设置规则在许多方面类似于小心地给儿童施加约束。从长远来看，你做这些是在帮助他们成长。

应用CARS方法的案例

乔琪的案例

在过去几年中，乔琪是加州一个大型项目的执行理事，这个项目是为因酒后驾车判刑的人提供教育服务。项目是强制性的，每周有3000名学员参加，其中许多人易怒又挑剔。而真正要考虑的问题是可能会发生暴力事件。每个人都必须参加3、6、9或18个月的每周咨询与教育项目。严格的项目活动计划远超大部分人的期望，引起学员不满的全部要素都有了。

项目配备安保人员、摄像头以及报警器。然而，乔琪很快明白，既要确保环境安全、又要减少紧张敌对氛围的最好方法，是在员工当中建立支持性的学员服务途径。根据要求，这个合规项目只有很少的改动的余地。不过，学员如何看待他们的待遇，是创建安全合作环境的基础。

多年来，乔琪和比尔已经在多个场合探讨过高冲突型人格与职场安全的问题。比尔推荐乔琪使用EAR表达技巧，并且也教会员工使用EAR表达技巧。因此，乔琪作为执行理事，提出了重在同理心、关心和尊重的方法，并为员工讲授 "应对挑衅者"的专题讨论，强调了EAR方法。

尽管他们的一般目的是改善与学员的服务关系，但更重要的目标，则是在坚持这个合规项目固有的规则、条例、政策与流程的情况下，保证人员安全。哪怕咨询员和行政人员常常要施行管束、拒绝学员或不能满足学员的要求，也是可以怀着同理心、关心和尊重去做这些事的。

她鼓励咨询员在集体会议上对学员代入高度的同理心。乔琪针对性地将其与一个由她提出并发表的方法结合起来（这个方法叫作"范式发展治疗模式[Paradigm Developmental Model of Treatment]"）。在这套模式下，学员认为他们的问题与焦点都在私下的面对面会议（尊重）中解决了（关心）。

虽然乔琪使用并教授了全部CARS方法，但她认为，还是第一步的用同理心、关心与尊重同高冲突人格者建立联系，对在管理工作中遇到的挑战起到了最大的作用。这一步为她协助员工、帮助学员分析选择、回应各自敌意以及对他们的行为施加约束奠定了基础。

当然，乔琪这个案例关注的是愤怒的学员。下一章，我们要看看自恋的老板。在后面的章节中，我们将看到如何将CARS方法应用于顾客、员工、同事、上级和企业主身上。

结论

不论你使用CARS方法中的一步还是全部四步，它都能解决人们在与高冲突人格者的交往中遇到的主要问题。不过，你还可以在与任何人的交流中用到CARS方法。它很容易记住：

- 用同理心、关心与尊重建立情感联系
- 分析列出的选择或提议
- 用BIFF回复回应不实信息
- 对行为问题施加约束

第三章

自恋型高冲突人格者

作为高冲突机构的发言人和咨询师，我们收到过很多关于如何应对自恋型领导的咨询请求，它们的数量比其他几类职场问题的都要多。这些自恋者可能是公司里监管底层员工的人，也可能是首席执行官或企业主。这些问题在非营利组织、医疗保健机构、教育机构、政府部门以及或大或小的企业中均会发生。自恋者汲汲于倾轧他人之权位，喜欢被视作"出类拔萃"之人，他们需要下属成全这个幻想。让我们来简单看看自恋者作为机构领导者的情形吧。

作为领导的自恋者

不论企业、政界还是职场，都有一种选择自恋型领导的自然倾向。自恋者被领导者的角色吸引，这是他们人格的一部分——他们追求着额外的尊重与关注；他们相信自己的想法；他们热衷于赢得竞争；他们能够吸引并说服别人；他们能专一于一个目标（即被选为领导）。

寻求被领导的人们，也因相似的原因被自恋者吸引：我们喜欢有魅力的人并相信他们；我们乐于对他们专一不二；我们喜欢他们努力奋斗，成为我们的领导；我们被他们克服过往挑战、憧憬未来成功的故事吸引；而且，一般人也不想为领导的事务而头痛（或与自恋者斗争夺位）。

自恋型人格的特征

至此，我们所说的似乎并不是什么问题。自恋型领导和团队成员间的吸引应当是人性的一部分，或许在数千年的无尽灾难中，就是它让人类形成组织并生存了下来。也许，些许的自恋起了大作用。具有自恋型人格特征的人让人们在面对渺茫的机会时也能坚持不懈，让人们免受被强烈批评的困扰，让不受欢迎（但有时很不错）的想法获得关注，让身边许多不同类型的人（有时是上百万人）和他们的思想汇集起来。在战争与生死存亡时期，情况尤其如此。

在文化变革时代恐怕也是这样。比如，万众追捧的企业家引导惊人的变革，将高科技带进了我们的生活。其中的风云人物，如比尔·盖茨（微软）、史蒂夫·乔布斯（苹果）、马克·扎克伯格（Facebook）和杰夫·贝佐斯（亚马逊）等，都有一些自恋的特征，但也各有成功有效的管理风格。在一些新闻报道和时事评论中，他们被视为自恋者，但他们可能只是有一些自恋型人格的特征罢了。这些特征可能会让他们身边的人难以与之相处，但他们大体上依旧是可控、具有极强创造力的。史蒂夫·乔布斯有句名言，说他从不做市场调查，因为人们并不真的知道自己想要什么——但他知道！而且他通常是正确的。

自恋型人格障碍

一些领导者患有自恋型人格障碍，也就是说，他们的行为终有一天会变得特别异常。那些吸引人的特质，他们也具备不少，然而这只是外在表现。表象之下的他们符合的是自恋型人格障碍（narcissistic personality disorder, NPD）的标准。他们"太过头"。在心理健康从业者的诊断手册中就写道，人格障碍是一种"在社交、工作或其他重要领域带来临床显著痛苦或损害"的异常行为模式（见《精神障碍诊断与统计手册》第五版）(*Diagnostic and Statistical Manual of Mental Disorders (DSM-5), 5th ed.*)。手册列举了若干自恋型人格障碍的标准，包括"自我重要性的夸大感"、"幻想无限成功"和权力的先占观念、认为自己是特殊的和独特的、"要求过度赞美"、"有一种权力感"、"在人际关系上剥削他人"、"缺乏共情",以及"妒忌"和"高傲"。

当然,只有注册过的心理健康从业者,才可以在帮助患者的前提下,经过全面评估为他人做出诊断。你绝不可以对别人说你觉得他是个自恋狂,这样太傲慢了!

你能看出区别吗?

从定义上看,自恋者会反复遭受"痛苦"或"损害",那么他们显然不适合做公司的领导候选人。但是,既然从表面上很难分辨自恋型人格与自恋型人格障碍,那么我们该怎么办呢?一种方法,是设法理解并辨识自恋型人格障碍患者和那些只有若干障碍特点、但未受"损害"者之间的关键区别。(任意类型的)自恋型人格障碍患者可由三个特征辨别。

(1)缺乏自知之明与自我反省能力:他们看不到自己在问题中的责任。这很像一个人否认自己是酒鬼或瘾君子。他们自辩,而不自省。

(2)不会调整或改变:他们哪怕已经行为失常,也不会改变现状,因为他们不觉得自己有问题。

(3)他们认为自己遇到的所有问题都来源于外部。因为他们看不到自己的责任,也不会改变,所以他们要么感到无助,要么就粗暴地试图改变他人，好让自己更舒服一些。我们认为那些有指责对象的人是高冲突人格者，他们在攻击，或者说是试图消除他们目标的过程中，会引发越来越多的冲突。

如果你正在决定由谁来担任领导角色，那么，你就会想知道候选者接受反馈的程度，以及他们是否尝试过改变自己的行为。如果候选人认定自己正确，并且去批评别人的行为，那么在大多数机构中，他大概不太可能成为一个好的领导。尤其在如今迅速变革的世界里，领导应当灵活快速地学习新知识，那些自恋型人格障碍患者将不再胜任。

但是，既然我们很难分辨自恋型人格和自恋型人格障碍的区别，那么，为什么不在一开始就不选那些具有自恋特点的人呢？对此，我们来看看研究是怎么说的。

工作团队里的自恋者

简·腾格和基斯·坎贝尔在其所著的《自恋时代》（*The Narcissism Epidemic*）一书中称，职场中的自恋者自视为伟大的领导者，而且他们也比其他人更有可能被同事选为领导。但过了一段时间之后，"同事会看到他们的负面品质，然后不再把他们当领导"。研究显示，自恋型管理者解决问题的能力通常被评价为平均水平，但"领导技巧、人际交流技巧和正直的人品"则在平均水平之下。

腾格和坎贝尔补充说，在工作团队中，自恋者即使不是领导，也会将他人的工作成果占为己有；所做之事常比其他人少；哪怕与共事者是朋友关系，也会指责对方。即便如此，他们还是能给公司上级留下好印象。实际上，自恋者很擅长"媚上""欺下"。

作为企业领导的自恋者

流行观点认为，最好的企业领导具有很大的魅力：他们会站出来吸引你的眼球，把所有东西都展现给你。因为他们看上去长于交际，每个人都乐意跟随他们，为他们努力工作。根据这一观点，你可能会觉得自恋者是最好的企业领导、最棒的首席执行官。然而，研究告诉我们的正好相反——这个观点是错的！

在苏珊·凯恩所著的《内向性格的竞争力：发挥你的本来优势》（Quiet: The Power of Introverts in a World That Can't Stop Talking）一书中，作者探讨了什么才是最高效领导者实际具有的共同点，而这个共同点是，他们都缺乏魅力！大多数一流领导者都迫使自己努力工作（往往是孤身一人），以此证明自己能够胜任所在的岗位。他们中许多人的名气，是源于谦虚的品格，以及调动手下管理者与员工最好的一面的能力。换言之，不是因为个人，而是因为企业。凯恩总结这份结果为："我们需要的领导，不是构建自我人格的人，而是构建其运营机构的人。"

腾格和坎贝尔在《自恋时代》一书中也有相似的观点：自恋者或许擅长在公司中获得权力，但他们的成功不会持久。他们过于自信，不是合格的团队成员。他们给自己所做的事情披上夸张的幻影，蛊惑别人，却不能兑现自己的承诺。通过考察一百家科技公司，研究者发现更自恋的首席执行官会有大放异彩的成功时刻，但整体上看，他们的公司更不稳定，随后就被别的公司超越，而这些公司的首席执行官不那么自恋，表现也更稳健。自恋者是风险家，这不仅不能助力公司发展，甚至是一种威胁。有些自恋者或许能创立大公司，但旋即就会将它毁灭。

如何用CARS方法应对自恋型老板的责难？

你能"控制"住自恋型人格的老板吗？是否应当一试呢？答案是：看情况。通常，这是值得一试的。一些人精于此道，这或许是因为自恋者具有一些利大于弊的特质，而且，如果能限制他们的负面行为，那么就会对公司和员工都有好处。否则的话，其他员工则最终只能辞职，以逃避他们可怕的上司。CARS方法大体上还是值得一试的，看看它是否可以帮助你"控制"你所面临的局面和老板，然后再根据他们的反应决定是去是留。

最重要的是心理准备，不要觉得他们的行为是针对你的，那是他们的事，不是你的事。与已故的史蒂夫·乔布斯（这位苹果公司联合创始人推动了iPhone、iPad、iPod、iTunes、iMac电脑等爆红产品的开发）共事经历可以作为这一点的案例。

他有自恋型人格吗？如果你用谷歌搜索"史蒂夫·乔布斯"和

"自恋者"，至少可以搜到11万条匹配结果。然而，尽管笔者都是注册医师，可以诊断包括人格障碍在内的精神障碍，但我们不能诊断没有见过和已经被恰当评估过的人。因此，就我们当前的目的而言，我们只是说其他很多人认为乔布斯有自恋型人格，所以我们才在本章讨论他。然而，他可能并没有人格障碍，因为这很可能会妨碍他，使他无法这么好地与其他人一起工作。

如此一来，我们显然就不应该将他的长篇批评、痛苦流泪和反复无常当成是在针对某人，这一点很重要。蒂姆·库克或许最能说明这个教训，他是乔布斯指定的继任者。乔布斯的遗孀劳伦娜也是引导和管束乔布斯的功臣，并且她自己也没有过度沮丧或情绪不稳的经历。不过，这两人都用了强硬的手段，没有被乔布斯所压倒。

他们用了CARS方法吗？听上去似乎没错。以下是他们如何"管束"乔布斯的一些例子。

建立情感联系

下面是蒂姆·库克的做法，出自沃尔特·艾萨克森的《史蒂夫·乔布斯传》：

在一个易怒、暴躁的老板手下工作，库克总是用冷静的态度以及亚拉巴马州人特有的那种镇静的口音和沉着的目光来控制局面。①

"我知道，人们会把史蒂夫的一些评论误会成大叫大嚷或干脆地

---

① Lsaacson Walter, *Steve Jobs: A Biography* (New York: Simon & Schuster, 2011), p.360~361.

反对，但事实上那只是他表达激情的方式。我就是这样面对他的情绪化作风的，我从不觉得他是在针对我。"①

当然，很多人告诉我们，他们不想尊重那些不尊重他们的人。他们会问："凭什么我得屈服，只因为某某人有人格问题，就得与他共情，关怀他、尊重他？"但现实问题是，采用这种方法可以让你的生活在遇到高冲突人格者时过得更轻松。看看乔布斯的另一名员工的做法，便知学会这个技巧并不是那么没劲：

安·鲍尔斯（Ann Bowers）成为应对乔布斯的完美主义、任性及强硬性格的专家。1980年，她加盟苹果公司。每当乔布斯发脾气时，她都会给予安慰，俨然一位母亲的角色。她会去他的办公室，关上门，态度柔和地告诫他。"我知道，我知道。"他说。"好吧，那么，请别再这样做。"她会坚持道。鲍尔斯回忆说："他会消停一阵儿，但大约一个星期后，我就会再次接到电话。"②

当然，这又让我们疑惑，他是否真的意识到自己行为的负面影响。总的来说，高冲突人格者对自己行为中不恰当和自我破坏的一面毫无意识。也有一些人有那么一点意识，但我们并不知道乔布斯是否真的是高冲突人格者。鲍尔斯是这么看待他的：

她发现，他几乎无法控制自己的情绪……他无法控制自己……他具有清醒的自我意识，但这并没有帮助他调整自己的行为。③

---

① Lsaacson Walter, *Steve Jobs: A Biography* (New York: Simon & Schuster, 2011), p.458.

② Lsaacson Walter, *Steve Jobs: A Biography* (New York: Simon & Schuster, 2011), p.121.

③ 同上。

分析选择

尽管乔布斯在想法方面非常顽固而且自以为是，但他似乎觉得自己应当接受质疑。这或许是他通过别人管理自己性格的一种方式。尽管他是这么一种性格的人，但他最伟大的一项能力，是知道自己需要别人的想法：

> 乔布斯……着力在公司内部营造出一种合作的文化。很多公司都为会议很少而自豪，乔布斯却恰恰相反……他坚持让所有参会者一起讨论问题，利用各方优势，听取不同部门的观点……他把这称为"深度合作"（deep collaboration）和"并行工程"（concurrent engineering）……"我们的方针就是开发高度整合的产品，这也意味着我们的生产过程也必须是通过整合和协作完成的。"乔布斯说。[1]

回应敌意或不实信息

乔布斯的"现实扭曲力场"在苹果公司众人皆知。他似乎在脑海里歪曲事实，好促使别人把事情做成。但即便是这种倾向有时也可以加以控制。

> "现实扭曲力场是几种因素的混合物，其中包含了极富魅力的措辞风格、不屈的意志和让现实屈从于自己意图的热切渴望。"（这是安迪·赫茨菲尔德说的，他是麦金塔电脑公司早期的软件设计

---

[1] Lsaacson Walter, *Steve Jobs: A Biography* (New York: Simon & Schuster, 2011), p.364.

师。）[1]

人们还要忍受乔布斯偶尔提出的无理要求或错误主张。无论是对家人还是同事，他都经常会非常坚决地去宣称一些跟现实没什么关系的科学或历史事实。[2]

在生产流程当中，苹果公司为麦金塔电脑公司准备的硬盘驱动器有超过一半的产品不合格。乔布斯愤怒了，他气得满脸通红，开始咆哮，气急败坏地说要开除这个项目的所有员工。Mac工程团队的负责人鲍勃·贝尔维尔镇定地把他带到了停车场，在那儿和他一边散步一边讨论替代方案。[3]

施加约束

乔布斯跟妻子的关系有时很复杂，但彼此忠诚。劳伦娜·鲍威尔·乔布斯是个善解人意、富有同情心的人，对乔布斯而言，她是一个稳定的支持者，这也说明乔布斯可以通过在自己周围集结一些意志坚定、通情达理的人来弥补他自私、冲动的性格。她静静地参与公事，坚定地照顾家事，犀利地处理医疗事务[4]。

我们可以在下面的例子中，看到劳伦娜对乔布斯的影响。当时奥巴马总统计划前往加利福尼亚，乔布斯有了一个与他见面的机会：

---

[1] Lsaacson Walter, *Steve Jobs: A Biography* (New York: Simon & Schuster, 2011), p.118.

[2] Lsaacson Walter, *Steve Jobs: A Biography* (New York: Simon & Schuster, 2011), p.364.

[3] Lsaacson Walter, *Steve Jobs: A Biography* (New York: Simon & Schuster, 2011), p.145~146.

[4] Lsaacson Walter, *Steve Jobs: A Biography* (New York: Simon & Schuster, 2011), p.543.

2010年初秋，在去华盛顿的一次旅行中，劳伦娜见到了白宫的一些朋友，他们告诉她，奥巴马总统将于10月访问硅谷。劳伦娜建议，总统或许愿意跟她丈夫见上一面。奥巴马的助手们喜欢这个想法，认为这种安排也跟总统新近对竞争力的关注很契合。所以，总统的行程上被留出了半个小时的时间……当劳伦娜告诉丈夫这个安排时，他却说不想去……劳伦娜坚持说奥巴马"真的很想见到你"。乔布斯回答说如果真是那样，奥巴马应该亲自打电话来提出邀请。这个僵局持续了5天。她把在斯坦福上学的里德（他们的儿子）叫回家吃饭，试图让他劝说父亲。乔布斯最后态度软了下来。[1]

通过与他建立情感联系，分析有关他的不同选择，回应他的不实信息（但不惹恼他），约束他的行为等手段，那些与史蒂夫·乔布斯最亲近的人似乎把他（和苹果公司）"控制"得很好，尽管他显现出几种高冲突人格的特征，但他还是成功地成为了技术时代最伟大的领导者之一。

女首席执行官

卡罗尔是一家大型机构的首席执行官，是个难以相处的人。她经常吹嘘自己的成就，把别人的想法和提议据为己有。办公室职员都害怕她，怕她生气。她经常因为细枝末节的小事大发脾气。

---

[1] Lsaacson Walter, *Steve Jobs: A Biography* (New York: Simon & Schuster, 2011), p.544.

爱丽丝是这家公司的高级主管，她来向我们咨询应对这种情况的方法，因为她知道卡罗尔就要退休了，而她自己还不想离开公司，内部也没有地方换岗。而且，爱丽丝也非常担心其他的员工。公司的人力资源部门明显没有起到作用。大量针对首席执行官的投诉几乎没有给首席执行官带来任何改变，偶尔她还有轻微的报复行为。人力资源总监是首席执行官的朋友，但这没什么用，据说还保护了首席执行官好几回。爱丽丝不知该如何是好，她相信首席执行官是信任她的，但她很快意识到，首席执行官没有很好地接受员工的反馈，而且常常适得其反。首席执行官完全缺乏自我认知，明显不会反思自己的行为。

进行了几次咨询讨论后，爱丽丝明白了RAD方法的价值。（不要想去改变别人，而是辨识出潜在的高冲突人格者；调整自己的方法；传达你的回应。）根据咨询的情况，这位高级主管清楚地了解了她的首席执行官就是一位高度自恋的高冲突人格者。

爱丽丝对首席执行官的回应（传达）必须与这种高冲突人格者一致。为此，爱丽丝学习了CARS方法。她开始用EAR表达来回应首席执行官。她的话里充满了同理心与尊重，并给予了首席执行官所渴望的关注。在咨询讨论中，爱丽丝分析了她的选择。她的首要目标，是减少首席执行官的轻蔑态度在职场中对员工施加的压力。

处理遗留制度的问题

爱丽丝在与咨询师讨论当前的情形时发现，临近退休的首席执行官卡罗尔一直在考虑她的遗留制度。这对首席执行官来说是一个重要的事情，她希望她的成就受到崇敬与尊重。我们的高级主管这才意识到，她可以以这个问题为基础，让首席执行官减少对员工的不良行为。

爱丽丝与首席执行官私下谈话，提出员工如能遵循她遗留的管理制度，是一件很可贵的事情。每当首席执行官做出了正面的事情，她就趁机真诚地赞赏她的举动。渐渐地，首席执行官对员工常表现出友好与支持的态度，也不再乱发脾气了。高级主管告诫员工，应当承认首席执行官的成就与之后的遗泽。

我们应当指出，首席执行官并没有为了照顾员工的感受而改变自己的行为。她的变化完全是为了自己。尽管如此，高级主管还是悄悄地达成了自己的目标。在首席执行官临近退休之际，公司的工作氛围更愉快了，压力也小了很多。高级主管也认为，她在咨询中学会的方法很好地帮助了她与职场中的其他高冲突人格者打交道。

指责对象

一位名叫安贾拉的女士心事重重地找到乔琪进行咨询，担心自己要被解雇。她在一家小型医疗机构工作，那里有一名医生（妻子）、一名业务经理（丈夫）和几名员工。尽管安贾拉在过去两年的工作中没有引发任何事故，但医生却越来越敌视她，越来越不满意她的表现。

据安贾拉描述，医生无理、苛刻，容易暴怒。她说，她之前同医生说起过医生的丈夫对女员工开不恰当玩笑的事（还有其他员工在场），从此情况就更糟糕了。她们以为，以医生直截了当的处事态度，医生会支持她们，不想却事与愿违，医生一下就发了火，粗暴地结束了讨论。

那次讨论之后，安贾拉感觉到医生对她的态度愈加糟糕了。她成了医生的指责对象，不管机构出了什么事，她都会受到医生的训斥。她收到两份表现报告，其中不合理地包括了最近安装的新软件以及办公室和前台接待处的大部分工作。

安贾拉之外的所有员工都收到了工作评估。医生的行为越来越不友好，安贾拉非常担心工作不保的问题。最终，医生把她叫过去做评估。她的好几个方面都没问题，但医生在其他方面给她做出了负面评价，仿佛她之前已经多次和安贾拉讨论过这些问题，但实际上并没有。那个周末，安贾拉在报纸上看到一个招聘医疗接待的广告，看上去和她的工作很像。

BIFF 回复

她把收到的评估和对此写下的回复带到咨询会上。回复采用了我们在第二章叙述过的BIFF形式。在相对简短的回信中，她纠正了不实信息。她并没有因为工作表现的事多次接受医生的商谈。她在几星期内收到两份具体的表现报告，她也专门解决了这些需要改善的问题。她重申了保住工作并为医生努力工作的意愿。最重要的是，她有文件证明，两份记录了不良表现的报告是在抱怨医生丈夫（业务经理）之后才出现的，她声明希望他们能让这件事就这么过去。安贾拉意识到，她很快就会被辞退，但她想能有文件将这件事一一记录下来。

她怀疑医生打算阻碍她得到失业救济金，传言她之前对另一个员工就做过这样的事。果不其然，安贾拉几天后收到了一封解雇信，理由是她没有按规定清扫和整理一间大供应室。安贾拉向咨询师澄清，这是个莫须有的事情，因为她刚刚收到了年度工作评估，医生没有提到这个供应室项目。之前，安贾拉曾告诉她的老板，她计划在夏天做这个整理，而医生看上去接受了这个提议。

安贾拉申请失业救济金被拒绝了。不过，上诉之后，她得以在听证会上呈现她的工作评估以及BIFF回复。她赢得了上诉，得到了失业救济金。虽然BIFF回复没能挽回她的工作，但它还是保住了她的失业救济金。

结论

我们从史蒂夫·乔布斯的案例中可以看到，那些职位在他之下的人，能用建立情感联系、分析选择、回应和施加约束等方法"管束"他的极端行为。而这些都有助于他尽最大可能展现自己的能力。

　　高级主管在应对女首席执行官不良行为的过程中，学会了去"满足她的自恋"，即一方面强调她的遗留制度，另一方面教她对待员工好一点，让她在部门中获得长久的正面形象。

　　员工安贾拉成了一家小型医疗机构中的指责对象。虽然她没能避免被解雇（没有正当理由），但她采用部分CARS方法（以BIFF回复的方式回应不实信息），帮助自己得到了应有的失业救济金。

　　此中的秘诀，是不要将高冲突人格者的行为看作是针对自己，不要去针锋相对。保持冷静，采用CARS方法——尽管有时你不喜欢它。当然，对方是什么类型的高冲突人格者或对方究竟是不是高冲突人格者都不重要。对任何看上去难以相处的人，CARS方法都有用武之地。

第四章

愤怒型（边缘型）高冲突人格者

越来越多的人喜欢把怨气发泄到工作中的其他人身上，他们可能是客户、同事、管理者，甚至是企业主。我们在第二章中描述过一种行为模式：有些人的情绪会有很大的起伏，他们由友善变得愤怒，然后又复归友善。其愤怒之剧烈，让人猝不及防，这在下一个案例中可以看到。不管对方是什么类型的高冲突人格者或对方究竟是不是高冲突人格者，这些都不重要，CARS方法依旧可以适用。

愤怒的顾客

争吵步步升级，整个杂货店都能听到。

"我的折扣！这优惠券上写了！"一位老妇人大声叫道。

年轻的店员，用同样大的声音一字一顿地回应：

"票、已、经、过、期、了！看、到、没？就、在、这、写、着。已、经、过、期、了！过、了、一、星、期、了！"

附近的顾客看着这"车祸现场"，越发不悦。随后，商场经理向他们跑了过去。

"我来处理，你去收银台帮忙。"他冷静地叮嘱店员，然后把注意力转向顾客。

他说："很抱歉让您遇到了问题。我们梳理一下经过吧，这样我才知道怎么帮您。您怎么称呼？"

"我姓布朗斯通。"老妇人回答道。

经理叫沃利，他帮助布朗斯通太太把购物车推到店里一个僻静的角落，然后客客气气地说："请告诉我事情的经过吧。"

"我在报纸上看到这里的促销广告，所以我就把优惠券剪下来，然后来这里了。"布朗斯通太太说，"这东西应该给我打五折，就在这写着呢。"

沃利看了眼，表示同意："您说得没错，上面确实写了打折……哎呀，但是活动上周就结束了，您注意了吗？"

"怎么可能！"布朗斯通太太叫起来，"我看了报纸，上面肯定没写上周结束。"

"好的。"沃利平静地说，"您肯定也没想到会这样。您误以为它还有效，我能理解这让您很懊恼。我来说说怎么办，这次就按写的折扣来吧。我之前在店里见过您，对吧？"

"对，没错。我基本上每周都会来！"布朗斯通太太坚定地说。

"好的，好的。"沃利边点头边说，"我明白了。但之后您应该核对一下结束日期，我只能给您破例这一次。我会跟每个店员打好招呼，您不会有任何麻烦，今后也不会再发生这种事。不然，我就麻烦了。我们都不想那样，是吧？"说完，他微笑地看着布朗斯通太太。

布朗斯通太太冷静了下来："对的，谢谢理解。日子太难过了，我的收入固定，物价又涨了。"

"嗯，我们聊聊吧。现在大家过得真的都挺难的，我得供孩子上大学，天晓得什么时候才能把贷款还清！"

"我孙女在州立大学，她表现得可好啦，我跟你讲讲吧。"

"呃，您看，我现在得回去做登记了，我们下次说吧。我一会儿去跟收银的人说，给您那件商品打五折。不用拿优惠券，过期了。"

"谢谢你，小沃。我可以叫你小沃吧？"

"当然可以。我现在就去收银台告诉他们，您慢走。"

布朗斯通太太具有高冲突人格吗？

也许有，因为大部分顾客都不会在商店里这么大吵大闹，还是为了过期的优惠券。也许布朗斯通太太具有某种情绪波动模式，习惯把某些人看成纯粹的好人，把另一些人当作纯粹的坏人；也许，她那天过得非常糟糕。很明显，她之前就去过那家商店，而沃利并不知道她这么吵闹，不好相处。所以，布朗斯通太太也许不具备一个高冲突人格者应有的行为模式。无论如何，这都不要紧！记住，你用不着判断某人是不是高冲突人格者，你可以对任何人使用CARS方法。

沃利使用了CARS方法吗？

我们来看一看。

建立情感联系：沃利对布朗斯通太太使用EAR表达法了吗？

"我们梳理一下经过吧，这样我才知道怎么帮您"，如何？这句话是否表现出沃利的同理心，有一种帮她摆脱困境的意思？是的。说出你想知道怎么帮对方，能够表现出你的同理心以及关注。

"您误以为它还有效，我能理解这让您很懊恼"，如何？看出他人的困窘是另一种表示同理心与尊重的方式。

分析：沃利分析了其他的选择吗？

他很快想到了几种选择：

"她看上去是位常客，我之前见过她几次。"

"我可以坚决不兑换优惠券，然后大吵一通，因为她看上去很吵，可能是高冲突人格者。"

"我可以让步，这可能会让她得寸进尺，之后也不管优惠券的截止日期。我不想这样，这不是一个现实的选择。"

"我这次可以为她破例，但必须让她知道只有今天这一次，我之后不会再这样。这样好像更现实。"而这就是沃利得到的结论，这些选择他用几秒钟就想好了。

尽管他并没有将这个当作书面练习来完成，但他知道，通过（书面练习这种）实际方法来思考这件事是非常重要的，他也可以在脑海中完成该步骤——因为他从前已经做过这种书面练习，从而让这个过程变简单了。

回应：沃利回应了敌意或不实信息吗？

他回应了。他以友善的方式，迅速指出优惠券已经过期。在布朗斯通太太明显不对的情况下，让她认为自己可以无视事实或自认为是正确的想法，是毫无意义的。但他做得很客气，而且对布朗斯通太太做了一点点让步。

施加约束：沃利对布朗斯通太太施加约束了吗？

他施加了。沃利说他之后不会再这么做。至此，有些读者可能会认为，布朗斯通太太会将他这次给她破的例，当成今后得寸进尺、胡搅蛮缠的依据。但在沃利的印象中，这是第一次发生这种事，据他当时的判断，她还是个常客。

沃利还用同理心、关心和尊重去约束布朗斯通太太。这样他俩最后大概都不至于生气，或激得她再生怒火。他的目的不是惩罚她，也不是让她认识自己的行为。

沃利还引入了"外部原因"去解释他之后不能再为布朗斯通太太破例，所以这个约束不会让她觉得是针对自己，而引起防备心态：

"我只能给您破例这一次。不然，我就麻烦了。我们都不想那样，是吧。"沃利这句话说得很友善，毫不严厉。严厉的约束往往会激发抵触。整个对话过程，沃利都采用了EAR表达和EAR身体语言。

至此，问题解决，完全没有花太多时间。沃利通过建立情感联系，让布朗斯通太太理解当时的局面以及为她破例，迅速改变了她的情绪状态，而同时又为她之后的行为施加了约束。

现在，沃利要做的就是和年轻的新员工打交道了。

愤怒的员工

沃利找到了和布朗斯通太太争吵的店员凯拉。

"凯拉，我们来简单聊聊。"沃利一边说，一边把她带到商店里，然后走进自己的办公室。

"找我有什么事吗？你知道那个大妈对我有多粗暴！"凯拉又拉起嗓子，登时一脸的不客气，"她的事情，你别找我的茬，那是她的问题！她死不承认，她的优惠券都过期了！"

"我知道这事很难办。"沃利平静地说，"给你一个建议，能听听吗？"

"别！你凭什么说我！我没做错！"凯拉坚决不听。

"我是想给你之后怎么做提个建议，不是要批评你之前怎么样。能听听吗？"沃利依旧对凯拉的烦躁无动于衷。

"好吧，什么建议？"凯拉的眼神飘忽不定，如是回答。

"在别人心烦的时候和对方打交道，有这样一个窍门。你其实可以对自己说一些能够让自己冷静下来的话，通过使自己冷静下来，来让别人冷静。"

"哦，什么话呢？"凯拉回答说，"碰到像那个大妈一样的人，你还怎么冷静得下来？她都把我逼疯了！"

"你可以对自己说：'我控制不了她，但我可以影响她。'你可以用你的语气影响她。"

"我怎么一点都不相信呢！"凯拉说。

"好吧。"沃利回答说，"有人做过一项对医生的研究，研究什么样的医生会被投诉，什么样的不会被投诉。他们发现，最大的一个影响因素，是医生在和病人说话时的语气。咄咄逼人的语气会招来投诉，关怀的语气大体可以让他们免于投诉。自从我知道这个结果之后，我都会尽量用冷静的语气对他人说话，这在大部分情况下都有积极作用。"

凯拉沉默了。你可能都能听到她大脑中齿轮转动的声音，她还在与这个新想法作思想斗争。

沃利继续说："我知道，和那个女人那样的人打交道很不舒服，但是，如果你能学会在别人不高兴的时候保持冷静，那么全世界的人都会尊重你。我希望这儿的人也这么对待你。但这需要练习。很多人碰到别人不高兴时都无法保持冷静，变得和别人一样不高兴是很自然的事。实话说，这是人性使然。但是，学会在重大场合控制自己的情绪，也同样是人类的本性。我知道你可以做到。工作上的其他内容你很快就学会了，这我都看在眼里，我知道再多这一件事你也能学会。你觉得呢？"

"我想我可以试一试。"凯拉勉强地说，"但这就是说我得假装。我一直以为我应该诚实地面对每一个人。"

"对，诚实但不该无情。我想让你懂得，你可以试着真诚地帮助愤怒的顾客。只要你做到了，你就会惊喜地感受到这样做带给你的成就感。记住，在风暴中保持冷静，可以让你赢得许多尊重。只需告诉自己，'这不关我的事'，'我不对别人的行为负责，只对自己负责'，以及'如果我冷静了，大多数人也会冷静下来'。你也可以提醒自己，'如果不知道说什么，那么只管听就行'。这也能让烦躁的人平静下来。"

"我就是不确定我能不能做到，要改变自己似乎是不可能的。"凯拉说。

"你不需要改变你自己，只要记住一句话。你可以用我提到的某一句，或者想一句别的曾经帮助你渡过难关的话。"

"我觉得我可以对自己说'这不关我的事'，我很喜欢这句话。"凯拉笑着说。

"好啊！这也是我最喜欢的一句。"沃利回答说，"它可以帮你放下争执之心。"

"好的，我明白了！"

"很好，那么你就回去给收银员帮把手吧。我很高兴我们能这么谈谈，因为我不能让你们冲顾客大喊大叫，而且我希望你能在这里有所作为。你的工作在很多方面都做得很棒。"

凯拉有高冲突人格吗？

她可能有，因为大部分员工都不会在店里这么大吵大闹，而且是为了过期的优惠券。也许她具有某种情绪波动模式，她当时的心情超级愤怒。问题在于，在与沃利谈话后，她是能够更好地控制她的情绪和行为，还是依旧毫无变化？

沃利对凯利使用CARS方法了吗？

建立情感联系： 他对她用了EAR表达吗？

他说"我知道这事很难办"，还有"工作上的其他内容你很快就学会了，这我都看在眼里，我知道再多这一件事你也能学会"。这些话听上去都充满同理心、关心与尊重。沃利善于在对话中间简短地插入这类话语，这样就不会很尴尬，或是像固定的话术。显然，他做过练习，而且好像真心地喜欢用EAR表达与别人交谈。

分析： 沃利分析过不同选择吗？

他与凯拉谈了几种选择。这和他与老员工交谈的方式不同，他只是简单地告诉她她的选择有哪些，而不是让她列出选项或提议。当然，在最后他问她是否想到一句曾经帮助她渡过难关的话。这让她自己思考，而不仅仅是被动地接受。

回应： 他回应了不实信息吗？

他回应了。他多次指出，保持冷静是一项可以学会的技能，虽说一开始就做到这点并非一件容易的事。凯拉没有冒犯他，所以他也不需要澄清她的指责。不过，他确实指出，她可以通过改变自己回应他人的方式，去影响别人对她的态度。这是她要学习的一件非常重要的事情，因为她认为这是件不可能的事情，但如今她也准备做此尝试了。

施加约束： 他对凯拉施加约束了吗？

他施加了。沃利说他不允许以后再出现对顾客大喊大叫这样的事情。他没有就此大做文章，而是强调他希望她以后应有的正面行为。因为她还年轻，他觉得吓唬她或纠缠过去的事情没有任何用处。

我们在第一章中讲述如何运用RAD方法时提到过，对潜在的高冲突人格者强调今后的正面行为是最好的办法，对初入职场的年轻人也是如此。当然，如果再发生这种事，我们或许就该认为她可能存在人格问题，需要更强的干预，因为这说明她可能缺乏自省和改变的能力（高冲突人格者的关键特征）。

请牢记：情绪具有感染力，和愤怒的人相处，觉得自己也要生气是很自然的事情。好事在于，你能够学会控制这种反应，而且保持冷静。高冲突人格者很难让自己冷静，所以你应该给他们做出榜样，而不是被他们带得情绪失控。这种技巧需要学习，因为它与我们以牙还牙的本能相悖。它也是可以学会的，长于此道的人能得到别人的尊重。

愤怒的老板

玛丽莎入职档案部的时候，她的老板对她非常热情、友好。

"很高兴你能来，我们很需要你这样背景的人。如果你需要什么，完全别怕打扰我，直接问，或者告诉我就行。我们在这里就像一家人，每个人都互相关心。今天是你第一天来，所以午餐我带你出去吃吧，这样我也可以了解你。你可以叫我嘉丽。"

玛丽莎感觉特别亲切，这就是她想要的工作：老板体贴，工作轻松，同事友善。她希望，在接下来的时间里可以证明自己，迎接更有挑战的工作。

几天后，嘉丽突然在众人面前点她的名："玛丽莎，来一下！"她的善意全无。"这是什么？"她厉声递给玛丽莎一份文件。

"我不知道，出什么事了？"玛丽莎一边问，一边克制自己不被吓得发抖。

"这份文件你放错地方了！我到处在找它！我本以为你很聪明，现在我不敢肯定了。我还对每个人都说了你有多好。回你的工位去吧！"嘉丽一下子转身离开了。

趁着玛丽莎往工位走，一个员工靠近她说："午餐跟我聊聊，我来告诉你怎么回事。但别让嘉丽看见我们在聊。"然后她就继续在电脑前工作了。

玛丽莎很是心烦意乱，心脏怦怦直跳。她应该做些什么？转瞬之间，她的理想工作就变成了梦魇，一切就发生在这几分钟里。她急切地想知道这个部门是怎么一回事。

午餐时，琳达，也就是叫住玛丽莎的那位员工，告诉她嘉丽的情绪经常有很大的波动。前一分钟她还对你千般好，再回头她就冲你大喊大叫了。然后第二天她又会对你好得不行，好似无事发生。琳达真想弄明白，她们的老板是不是有双重人格。

"那我躲着她就是了。"玛丽莎说，"我不想再有人在公共场合对我开口大骂了。而且就是一份文件放错了，她一下子就找到了，又不是什么世界末日，对吧？"

"你错了。"琳达说，"就算你做事滴水不漏，她也会在哪天找个什么理由骂你。这和你没关系，是她的问题。但也别躲她，不然你就会被孤立，然后她真的就会专找你的茬。你要是碰到她，假装对她客客气气的就行。除了那些立马跳槽的人，我们都学会了怎么应付她。"

"你说的'立马跳槽'是什么情况？"玛丽莎问。

"嘉丽的脾气能把人气跑，一些人因为她直接走了。我还留着，是因为这个公司不错，而且我有希望能很快离开这个部门。这两周会有另一个工作机会，我想去那里。所以你要决定，是想继续和她一起工作，还是尽快离开。记住，你没法改变她。她就是这样的人，反复无常。上面有人保护她，对她睁一只眼闭一只眼。"

"啊，这还真糟糕！"玛丽莎说，"我可不想和一个会在其他人面前数落我的人一起工作。"

"当然，你可以自己选择。"琳达说，"我只是告诉你现在是什么情况。你随时可以走。不过你要明白，总的看来这是一家不错的公司，你可以考虑一下，把这里当作跳到其他部门的垫脚石。不要觉得困扰，她很擅长发现那些失落无助的人。你要捍卫自己的权利，但也不要为此惹上麻烦。"

第二天，玛丽莎从电梯出来，正好碰到了嘉丽。

"嘿！"玛丽莎高兴地说，"你好呀。"

"感觉不错！"嘉丽答道，看上去好像昨天什么事都没有发生过，"上头刚刚表扬了我们，因为过去六个月里我们达到了预算目标。"

"恭喜！太好啦！"玛丽莎叫起来，"我们是多好的团队呀。"

"嗯，不过不是每个人都一条心。"嘉丽说，"你最好留心跟你交朋友的人。这儿有人想找我麻烦，如果不留神，他们也会找你的麻烦。要是有人说我坏话，我希望你能告诉我，好吗？"

"当然，没问题。嗯，祝你愉快！"玛丽莎说完，便礼貌地告辞，回到自己的工位。

玛丽莎想，幸好琳达告诉自己要对嘉丽表现出高兴见到她的样子，不要躲着她。她仿佛看到，自己在"控制"嘉丽的过程里，一而再地说着那些友善的话语。而且她已经在考虑其他部门的工作岗位。"我不必待在这里，但我也要按我的节奏来走，不能被嘉丽吓到。"她对自己说。

嘉丽有高冲突人格吗？

她也许有。听上去她过去情绪的波动一直很大，从友善到发怒再变回友善，而传闻她具有双重人格，这让每个人都心存戒备。这是典型的愤怒型高冲突人格者，他们的暴怒程度，超出了相应情形下的合理范围，可随后他们又会变得非常友好、富有魅力，然后又会再度发怒。

这是边缘型人格障碍患者的典型特征。他们很难控制自己的情绪，在压力之下尤其如此。所以他们的情绪会大幅波动，从特别友善一下变得盛怒不已。他们的愤怒表现得特别极端，足以吸引你的注意，你会意识到这是高冲突人格者的问题，而不是你的问题。对这样的人，碰到他们友善时，注意不要掉以轻心，这意味着他们的愤怒已是山雨欲来了。

玛丽莎对嘉丽使用了CARS方法吗？

建立情感联系：她对嘉丽使用了EAR表达吗？

在回应嘉丽关于部门达到预算目标的消息时，玛丽莎说"恭喜！太好啦！"以及"我们是多好的团队呀"。这大致上对嘉丽表示了尊重。更重要的是，玛丽莎听从了琳达的建议，没有回避嘉丽。用友好的话语与她"建立情感联系"，玛丽莎以此避开了她的烦扰。

如果玛丽莎躲躲闪闪或不尊重她，嘉丽很有可能找个什么理由攻击她。尽管玛丽莎不必与她虚与委蛇，但这可以帮助她在工作中明哲保身，而不用陷入与具有愤怒型高冲突人格的老板的正面较量。

分析： 玛丽莎分析了她的选择吗？

玛丽莎已经在考虑，如有机会，就调岗到另一个部门。她还有一个把她当朋友的同事，这对应对具有愤怒型高冲突人格的老板会有巨大的好处。不要使自己孤立、不要自责，是很重要的事情。

回应： 玛丽莎回应了敌意或不实信息吗？

这里似乎没有什么不实信息需要她去回应，敌意倒是有的。不过，玛丽莎已经与同事琳达统一意见，文件放错了地方并不是"世界末日"。向嘉丽指出这一点是必要的，但告诉自己以下这点通常都大有裨益：其他人都是对扭曲的信息和反应做出回应，所以不必把他们的所作所为看成是针对自己的。

施加约束： 玛丽莎对嘉丽施加约束了吗？

看似没有，但她其实施加了。她很快用一句"嗯，祝你愉快！"结束对话，然后立即走开了。记住，你可以施加单方面的约束，决定何时何地进行对话，以及对话多久。在用EAR这类话语建立情感联系时更要如此。

注意，愤怒型高冲突人格者通常会有情绪起伏。他们不会一直愤怒，而是来来回回、摇摆不定，这取决于他们的内心。与他们对抗或逃避他们通常是没有用的，更好的办法是友好地（用EAR表达建立情感联系），同时迅速地结束对话（施加约束），这样你就不至于生气或丧失理智。再次声明，这不是你的问题。无论如何，你都不用（也不能）向愤怒型高冲突人格者证明什么东西。

当然，如果你处于管理某个愤怒型高冲突人格管理者的位置，为了员工士气以及工作效率，你就有必要坚决地用一些严厉的措施和辞退方案去约束对方，防止其做出后果不堪设想的行为。愤怒型高冲突人格者造成破坏之后一走了之，已经是司空见惯的事情了，但他们伤害了整个公司，以及那众多的、一位又一位的员工。

边缘型人格客户？

一位名叫贝弗利的客户走进了"员工援助计划"的办公室。贝弗利的医生鼓励她借助这项服务去克服她在工作与家庭中遇到的困难。贝弗利提供了她的背景履历：她家里一共有六个兄弟姐妹。母亲经常打骂他们，父亲患有中度酒精依赖症。她二十一岁结婚，借此离开原生家庭。

贝弗利的丈夫在德国出生并长大，她把她二十年的婚姻生活讲述的既困难又孤独无依。她全心投入到咨询之中，在整个交谈过程中，她承认她并不重视自己。如果有人和她很亲近，她就会破坏这段新关系，她没有用一种恰当的方式保护自己。她的丈夫参加了两次交谈，他把他的妻子比作飓风，他说："前一分钟她还很高兴，下一分钟就发飙了。"

贝弗利不顾咨询建议，决定在找到新工作之前就辞去原先的工作。她觉得自己在这份工作中没有发挥价值，她想回医院做护理工作。尽管就业形势不容乐观，但她很快就收到了远在几个州以外的全国最著名的一家医院的聘书。她接受了聘书，培训日期也安排好了。她立刻搬到新工作地点，离开之前，她极少谈到与丈夫关系的状况。

她很快找到一间公寓，准备搬进去。但突然之间，一切都破灭了。原来是公寓很暗，令她心情沮丧，这引起某种焦虑反应。取消租约要花几千美元，但她还是取消了。

贝弗利在最后一刻决定，她不能在医院轮班（每周三天，每次十二小时），没有去试一试就发邮件谢绝了这份工作。她把买的家具寄回去，自己也回家了。在家里，她因为丈夫不理解她承受的压力而变得愤怒；对于因冲动和计划草率引起的问题和花销，她也不承担责任。她无法理解他的冷漠和疏远。

贝弗利随后尝试着捡回先前的工作。她很生气，因为他们并不关心她，相处也不轻松。一旦她之前的主管打算给她提一些建设性的反馈，她就提高了防范，并对主管很少支持她而感到气愤。她在她家附近找到一份兼职，但她不满对方没有给她全职工作。

贝弗利将EAP服务转为每周咨询。咨询员强调"前馈"的方法，把治疗放在弹性思维、情绪管理和控制行为等方面。最后一条用的是笔者开创的新型咨询方法，叫作"工作新法"。这个方法重在工作手册和指南，用大量重复以及鼓励的方式帮助治疗对象学习与练习简单的技巧。它是为具有潜在高冲突人格的员工而设计的，但也适用于希望提升职业技能的人。

结论

容易突然暴怒的人通常都需要接受咨询。在职场环境中，他们有机会与员工援助项目的工作人员、外部教练或外部的咨询员交流。他们可以是员工、顾客或监管人员。

在本章中，我们讨论了潜在高冲突人格者的情绪起伏、指责和自伤等外部行为。若是帮助这些潜在的高冲突人格者将问题简化并关注于当前应该做什么，他们通常就可以往好的方向发展。

第五章

欺骗型（反社会型）高冲突人格者

欺骗型高冲突人格者是最难相处的一类人，因为他们对工作团队有极强的操控和分裂手段，而又很难被抓到把柄，因此难以被辞退。庆幸的是，他们大多会很快转到新的挑战上，但通常此时已经对团队或他人造成了伤害。他们可能会轻易地撒谎，或者诋毁其他人的工作来欺骗同事和领导，甚至可能会做出彻底的犯罪行为，比如盗窃、破坏货品等。给他们施加约束通常是控制他们最重要的一步。

重犯员工

有这么个人，我们就叫他鲍勃吧，受雇于一家大型医院。他的领导之所以雇他，是因为另一个领导信得过的员工的推荐。鲍勃坦然承认有过犯罪记录，并认为那完全是因为酗酒造成的。他说他已经全身心投入到正常的生活中，而且谨遵法院要求。领导觉得他很真诚，因此理应给予他这个工作机会。同时，领导向人力资源部通报了新员工犯罪记录的事情。

鲍勃讨人喜欢，乐于帮助同事，医院里的病人都很喜欢他。他很快就人见人爱，领导对此也洋洋自得，觉得自己做了一个正确的决定。

然而，之后领导慢慢听说鲍勃在散布一些关于同事的谣言，而且故意歪曲别人说过的话。有一次，鲍勃对一个同事说，有一个医生没有检查病人，就给病人开药了。这话传到当事医生的耳朵里，医生决心查明谣言的来源。医生一路追查到鲍勃，鲍勃却说是有些病人对他发牢骚，说医生没在他们身上花多少时间。鲍勃只是天真地转述病人所说的一切。实际上，医生已然对病人投入了很多时间，虽然病人们可能觉得不够，但这确实是合乎伦理标准的。鲍勃似乎很喜欢用一种让自己看上去像英雄代言人的方式，将病人与员工进行"分类"，而这实际上却挑起了不必要的事端。

还有几次，有人发现他在本应工作的时间上网。每次他都会说，是有人让他帮忙查查东西，查完他就回去继续工作。没有人核实过他说的话，所以他每次都能过关。但那通常是他的借口。他还做过其他一些谎报或误导人的事情。

领导向医院外部的EAP寻求咨询。他意识到雇佣鲍勃是错的，但人力资源部门帮不上忙，反而会把事情弄得更糟糕。鲍勃很擅长撒谎，他不光是经常撒谎，而且一直用谎言掩盖自己的所作所为，所以领导很难对他进行渐进式惩处。

领导意识到自己需要先辨识出问题员工的人格模式，然后根据实际情况调整策略，再把他的回应传达出来（即第一章中的RAD方法）。在这个案例中，领导认为需要保护自己。他与EAP保持频繁的咨询，和盘托出自己的恐惧和愤怒。

这些咨询帮助他把鲍勃对员工的负面影响降到了最低。他意识到他必须更频繁地与员工交流，而且他在备忘笔记中也运用了BIFF回复技巧（详见第二章），即简短、信息丰富、友善、坚定。他还举办了更多的团队会议和职场"地下会议"（都不入座、只持续大概十分钟的小型团队会议）。领导的这些努力遏制了问题发展，好几年内再无谣言。

可喜的是，鲍勃遇到更好的工作机会，最终离开了公司。领导从这次经历中学到不少经验。因为保密的需要，他无法与其他管理者谈及真正的问题所在。人力政策使得公司几乎无法解雇这样难以相处的员工。

我们的工作体系不是为有效控制反社会人格而设计的。而且，这类人还非常擅长在这个体系中"工作"。幸好，触手可及的EAP服务可以给予领导所需的支持，协助他处理眼前的状况，并提出应对反社会员工的策略。在各类情况中写下并使用BIFF回复，对鲍勃施加约束，然后关心鲍勃，这些做法是领导分析了各种选择后，采用的最有力的策略。

反社会者

"反社会人格（antisocial personality）"和"反社会者（sociopath）"这两个词基本可以通用。美国精神医学学会在最新出版的《精神障碍诊断与统计手册（第五版）》中，用的是"反社会人格障碍（antisocial personality disorder）"这个词。不过，心理健康从业人员、法律系统和新闻媒体通常用"反社会者"表示这一人群。

哈佛心理学家玛莎·斯托特在她的著作《当良知沉睡：辨认你身边的反社会人格者》（*The Sociopath Next Door*）中称，普通人群中有4%的人具有这类人格障碍。这是一种在社会中不容易被发现的人格障碍，即使有个反社会者住在你的隔壁或和你一起共事，你可能都不知道。因为他们会努力表现出友善、纯真，拥有人格魅力，这些特征让他们身边的人都无视了他们最坏的行为。以下是斯托特对这种障碍的描述：

每25个人中大概就有1个是反社会人格者。本质上说，反社会人格者是没有良知的人。这并不是说他们无法分辨善与恶，而是说即使他们辨清善与恶，其行为也不会因此受到约束。是非对错在理性上的差别并不能在情感上敲响他们的警钟、点亮他们的警灯，也不会让他们像常人一样心存敬畏。每25人中就有1个完全没有负罪感或悔意的人，这种人什么事情都能干得出来。[①]

---

① Martha Stont, *The Sociopath Next Door* (New Yore: Broadway Books, 2005), p.9.

当然，在职场中，反社会者最显著的特点就是他们会一直撒谎，一次又一次，就是不会被揭穿；还有就是对权威和职场规则的极度蔑视。精神病专家查尔斯·福特在《谎言！谎言！谎言！欺骗的心理学》（*Lies! Lies! Lies! The Psychology of Deceit*）一书中，对反社会者的人格给出了更深的洞见：

具有反社会人格的人往往无法服从任何形式的权威（如军队、法律系统、专业体系等），因为他们难以忍受挫败或延时享乐。他们就像小孩子，什么时候想要什么了，就一定要得到什么。他们缺乏自控和顾虑，也不会学习经验。反社会的人可以是小毛贼、骗子或者连续杀人犯。[①]

前文鲍勃的故事表明了反社会人格巧妙操控别人的手段，尽管他之前有犯罪记录，但他在医院的行为或许还没有达到犯罪的程度。鲍勃的故事还说明了反社会者主要是男性。不过，我们在接下来的两个案例中会看到两位沦为罪犯并入狱的女性。但她们在入狱之前逍遥了8~10年，可见人们能被蒙在鼓里很久，哪怕这些人是其同事或者领导。包括上面提到的福特等研究者，以及《精神障碍诊断与统计手册》一书都估计，75%~80%的反社会者是男性，但余下患有此障碍的女性仍然不在少数。

[①] Dr Charles V Ford M.D, *Lies! Lies! Lies! The Psychology of Deceit* (Washington: American Psychiatric Publishing, 1999) .p.107.

贪污公款

几年前，我们这里的报纸头条登载过两则女性贪污公款的本地新闻。她们惊人而又相似的经历，吸引了比尔的注意。

其中的一位女性62岁，在圣地亚哥公园康乐部工作了10年。她是该公园康乐部的主任。报纸报道说，她伪造银行单据提取公款，并用委员会支票偿还个人债务……康乐委员会主席说："她竟会这么对我们，真是太出乎意料了。她拿走那些钱，也伤了很多孩子的心。"

其他员工明显没有牵涉其中。她的罪行之所以被曝光，是因为有人要求退款，而这笔钱在记录中没有找到。你可能会想她大概是陷入了财务危机，但新闻报道没有透露任何她需要这笔钱的迹象；而且还提到，她当时的年薪是7.7万美元。她在这十年中被指控贪污的总数是大约7.4万美元。

第二个故事说的是一家非营利机构的主席，这家机构为地方学校募捐。这位女士48岁，据信八年间她从基金盗用了10万美元，期间她从一名出纳高升为主席。地方副检察官说，她给自己写支票，从募捐者那里接收现金，然后伪造记录掩盖罪行。有趣的是，在此期间她继承了50万美元的遗产，还曾对一家银行说她的身价有200万美元。

至少在一定时间之内，这两位女士行骗都很成功，尽管如此，我们还不能说她们具有反社会人格障碍。我们不能靠新闻报道就诊断别人，而且诊断通常是保密的。不过，可以告诫大家要小心与这种具有欺骗型人格的人共事，请注意她们在计划上的熟练程度，以及她们是如何做到在将近10年里让每个人都没有怀疑过她们的。

这两位女士身边的人都觉得无法想象，她们怎能滥用别人为了孩子和公共利益而给予她们的信任。这类行为，对反社会者来说不足为奇。公众对这类行为需要更加小心，做更多的准备。若是我们委托某人管理给予其他人的资金，则尤其需要如此。

在这些案例中，应该如何运用CARS方法呢？

（1）**以同理心、关心与尊重之心与他们建立情感联系**。不巧的是，欺骗者（反社会者）似乎是对情感联系免疫的一类人。本书论及的其他几种人格对建立情感联系都有不同程度的关注与渴望，他们的许多行为是吸引他人同理心、关心与尊重的变相尝试。但反社会者对此就是无动于衷。他们"没有良知"，他们的所作所为纯粹是为了自己。不过，既然你通常不知道某个人是不是反社会者（就像我们也不知道上面两位女士的心理状态），只要你还保持着合理的怀疑，那么就算拿出同理心、关心与尊重也无妨。否则，你就会有被操控的风险（记得去辨识潜在的高冲突人格）。

建立情感联系的时候，要做到心中有数！我们推荐与任何人交往都用这种方式。只要你开始用高冲突人格者的方式思考，你就会认识到，每个人都可能有一种你暂时不知道或可能永远也不知道的高冲突人格！不过也要记住，反社会者只占人群的一小部分，就算你保留了一定的怀疑之心，但对大部分人报以同理心、关心与尊重，还是能让你受益匪浅。

（2）**分析选择**。在上面两个案例中，机构中的监管人员认识到，他们需要更强的安保系统（在盗用事件发生之后）。康乐部决定在活动中心安装收银机，并规定购买许可证时需要两名员工在场。此外，在那之后所有员工都要接受道德培训。当然，道德培训对欺骗者毫无作用。对他们施加约束是最有效的事情，比如审判入狱以及经济制裁之类。

（3）回应敌意或误解。和EAR表达一样，对欺骗者运用BIFF回复对他们的行为可能没有任何效果。不过，在职场中以BIFF回复的形式给工作团队或公司书面信息，让他们及时跟进信息、控制流言与不实信息，还是比较有用的。就像本章第一个案例中描述的那样，在鲍勃的领导更频繁地用BIFF回应的方式告诉员工最新消息后，领导对鲍勃的管理便更加有力了。当你知道你正在和高冲突人格者打交道时，尤其还是一个有魅力、控制力强、破坏力大的（反社会）高冲突人格者，与之进行紧密的交流便不可或缺了。

（4）对不当行为施加约束。这是对欺骗者和所有反社会者采取行动的一步。记住，他们没有良知，所以他们不会自发地进行自我约束，而是通常需要身边的人去管束。这就是他们不少人在监狱的原因。康乐中心一直没有发现公款被挪用，直到有人要求退还一笔没有使用的存款才东窗事发。学校基金会在自查过程中发现资金流失，但已是事发八年后了。

（5）用常规手段施加约束。因为人们通常没法提前知道自己在与欺骗者相处，所以对任何组织（职工组织或志愿组织）来说，将权力制衡落到实处会大有裨益。在上述两个案例中，更严格的财务记账是一种约束手段。完整的组织架构与落实到位的办公流程应基于如下思想：每25个为你或与你工作的人中，就可能有一个具有反社会人格。合理的怀疑不会冒犯到普通人，涉及金钱和其他资产更是理所应当。避免完全依靠和信任反社会者的情形，不然你可能就会被反社会者伤害。这就是他们又叫作"信任艺术家"的原因——他们获取你的信任，然后又毫无悔意地伤害你。

伯纳德·麦道夫

我们要在本章说一说伯纳德·麦道夫，毕竟我们已经说了这么多资金挪用的事。从媒体报道来看，他是欺骗型高冲突人格者中的终极代表。人们因为信任他，给他投资几十亿美元。对某些人而言，他们投入了全部的退休金，或是非营利组织的资金——结果被麦道夫挥霍一空。他的骗局越做越大，直到2008年华尔街崩盘，他才向家人与世界坦白自己所做的一切。他的家庭基本分崩离析，一个儿子自杀。媒体报道他毫无悔意地持续着这么一场骗局。如今他身陷囹圄，或许将在监狱度过余生。

虽然麦道夫并非我们在本书中的焦点，但我们确实希望以他的案例，来说明分析选择和施加约束这两个要点。

（1）**分析选择**。在本书描述的大部分案例中，我们都在从未来行动的角度谈论分析选择，即之后应采取何种选择。然而，本章中的案例将这一理念拓展到考虑正在发生之事的其他解释。因为欺骗者出现在生活中的方方面面，提醒自己去思量当前事务的另一种解释还是很有好处的。如果对方的情况好到不像真的，便尤其应该如此。这个原则完全适用于伯纳德·麦道夫的案子，以及1992~2008年间，华尔街证券交易管理委员会对他处置不当的事上。

据称，他和他的公司在20世纪60年代初开始接受投资基金，并保证13.5%~20%的高回报率。不过，警钟早在90年代初就已经敲响了。2009年，交易委员会进行了自查，以便弄清楚为什么他们在麦道夫坦白前没有对他采取行动。报告在其摘要中承认了如下内容：

不过，交易委员会总监办公室确实调查发现，数年间，交易委员会收到了大量详尽与实质性的投诉，有理由对伯纳德·麦道夫和伯纳德·麦道夫投资证券公司的庞氏骗局进行全面、充分的检查与调查。不过，尽管委员会做了三次检查和两次调查，却从没有进行全面、充分的调查或检查。总监办公室发现，从1992年6月到2008年12月麦道夫坦白之时，这期间交易委员会收到了六次实质性的投诉，对麦道夫的对冲基金业务亮起红灯警告，理应产生麦道夫是否真的在从事交易的疑问。

从1992年的第一次调查起，他们就局限在很小的范围内，而且相信了麦道夫本人提供的记录。"如果他们从独立的存管信托公司调取记录，就有绝好的机会在1992年就揭露麦道夫的庞氏骗局。"

在接下来的投诉调查里，委员会一次又一次认可了麦道夫本人的陈词与记录。他们为何如此盲目？报告认为，委员会从根本上

"屈从于"麦道夫以及麦道夫在市场中的"地位"。一位在2004年至2005年间调查过麦道夫的调查员在之后的采访中谈及这段经历时说：

> 我（从检查中）得出的个人结论是，用一个现在很流行的词来说，（伯纳德·麦道夫）是行业先锋，但他确实，用技术把交易带入了下一个层级。说实在的，当我走出那里时，心中想得更多的是这样的话：哇哦，这小子是第三市场的鬼才，做到了百分之X的交易体量。

他们受麦道夫的感染，相信了他的自我报告。之后许多报道认为，这对具有反社会人格的人来说，是一个完美的骗局。调查员们在验证他的解释时应当更认真地考虑其他的分析选项。

所有的组织机构都应从中吸取教训。就算是地位最高的人也应当负起责任，尤其是看到在现实中美好得有些假的人的时候。这是发现反社会者的信号：富有魅力，成就"美好得有些假"。我们如此怀疑别人着实不义，但企业（以及政府审查者）唯有保持合理怀疑，才能降低反社会者造成的损失。

（2）**施加约束**。从另一面来看这个案例，如果交易委员会在1992年就对伯纳德·麦道夫进行了约束，那么就会大大减轻他对社会的危害。这对学会与高冲突人格者交往来说是一条基本原则：对他们越早施加约束越好。

如果某个潜在高冲突人格者是有价值的员工，那么对他施加约束就会很有好处，这样可以保住他的有用技能。不过，对许多反社会高冲突人格者来说，缺乏良知可能会使他们在公司内一直不受欢迎，而他们越早离开公司，对公司来说就越好。

反社会者可能会造成所有人格类型中最严重的破坏，因为他们做事不知后悔。而尝试与他们讲理、无视他们或想激发他们更好的本能，或许都是在浪费你用来保护公司和其他员工的宝贵时间。

反社会职业人士？

有这么一个事实，即所有行业都有一些欺骗者/反社会者，他们通常会在很多年里，有时甚至在他们整个职业生涯中都不被人发现反社会人格。虽然各行各业的道德标准会对员工的职业行为施以约束，但它们也允许员工高度的独立，因为人们相信职业人士会自觉保持专业素养，以免伤害整个行业。不幸的是，这没有考虑如下现实：反社会者缺乏良知，因此他们不会关心职业口碑，他们只会关心自己。

比如，在二十多年前比尔还是律师的时候，他就在律师行业中发现了一些反社会行为的例子，尤其是在他职业生涯早期。幸运的是，只有少数几位律师如此。这些律师以无法让人揭发或不造成任何后果的方式，屡屡做出不道德的事情。整个法律界日益警惕这个问题，但主要还是以劝说的方式来鼓励律师们坚守职业道德，以免损害客户的利益和影响行业的形象。如此，一些不道德行为还会持续下去，直到后果不可收拾。

反社会律师？

"奥布莱恩先生的离婚官司由我代理。"新晋家庭律师戴维斯女士在发给客户妻子的代理律师奥斯瓦尔德的语音信息中说。"所以，如果你有什么要发给他的文书，只要发给我就行，他都已经同意由我来接收了。"

三天后，戴维斯接到奥布莱恩先生愤怒的电话："我刚刚在办公室，当着手下二十个人的面收到了离婚协议，还来了两个武装法警！这完全是在羞辱我，到底怎么回事？"

"什么！"戴维斯惊叫起来。她对客户说了给对方律师发信息的事。随后她结束通话，给对方的律师打电话。这次对方接了电话。

"你为什么要让两个武装法警去我客户的办公室？"她问他。

"乖乖，别紧张。"奥斯瓦尔德先生说，"我想是我太忙了，没把叫法警这一项取消掉。这没什么大不了的，你放宽心，别这么当回事儿。"

戴维斯气愤地挂断了电话。

两个月后，她就二人财产方面的几件事务，听取客户妻子一方的证言。奥布莱恩太太与奥斯瓦尔德一同来到她的办公室。戴维斯走过去要与奥斯瓦尔德握手，他却坐了下去，背对着她，随手抄起一本《体育画报》说："是你要听证词的，去吧，去问她吧。"然后他就翻着杂志，不时抬起头，对戴维斯向他客户的妻子问的问题提出反对意见。

一天在法庭上，在一次临时命令的简短听证之前，奥斯瓦尔德把一些法庭文件胡乱地塞给戴维斯，结果掉得一地都是。她只好俯身去捡，当时法官正好走进审判室，她感觉非常难堪。随后，在简短听证的过程中，他对法官说戴维斯一直给他发邮件，对他不停地提要求。这其实是他对戴维斯做的一些事情，所以她也还施彼身。不管怎样，法官皱着眉头看了看戴维斯（而没有皱着眉头看奥斯瓦尔德），然后说："我不希望听到任何当事律师之间的冲突。"仿佛这完全是戴维斯的问题。

随着他们的官司接近尾声（这场官司已经变成漫长的审理），奥斯瓦尔德向戴维斯要求延期，说他需要时间拿到一些文件发给她，作为"披露"程序的一部分。戴维斯礼貌地同意了他的延期。然而，之后不久戴维斯也有了类似的需求，但奥斯瓦尔德却隔了几天才回话给她，还断然拒绝了她，只说了句"我不能同意"。

这些是反社会行为吗？他们都在打擦边球。反社会者大部分时间都在这种地方徘徊，这也是他们常常能摆脱欺骗行为后果的原因。单拿出来看，每件事都只是让人火大的小事。但放在一起，就是一整套的骚扰或欺凌行为了。许多欺凌者都是反社会者，他们很聪明，知道自己做什么不会被发现。这会使这些行为的受害者大为泄气。

不过，戴维斯辨识出了对方潜在的反社会人格，并调整了她的方案。她认识到以下事情：

· "所有事情都不关我的事，而是和他的人格有关。"

· "我要做的不是将顺逻辑，让奥斯瓦尔德省察到自己行为不当。"

· "公开对他发怒毫无好处。那样只会满足他当众羞辱我的欲望。"

· "我必须强势，并获得支持，所以我可以继续保持自信，不给他挫败我的机会。"

戴维斯向一位经验老到的律师请教，那位律师非常熟悉奥斯瓦尔德的策略："他真的非常聪明，没有一个真正的朋友。这是高冲突人格者的共同特征。但他很擅长摆脱别人的追究，所以你只需继续你的官司，并且要比他了解得更深。"那位律师还建议说："他不会密切关注官司的事实，所以你可以在审讯的时候胜过他，因为这才是法官真正思考事件经过的时候。"

"但我真的想结束这场官司。"戴维斯回答说，"这场官司真的没什么好打的。"

"他的官司多是如此，所以你要准备好向他回击，要像他咄咄逼人那样坚绝。也就是说，要一直向其他相关人员和法官提供信息，而不要管他怎么粉饰。"

随后，戴维斯用上了CARS方法。

（1）建立情感联系。在庭审前的一次强制和解会议上，她友好地向他打招呼，然后与他们的客户一道，会见和解员。和解员是一位经验丰富的家庭法律师，他会对他们的案件进行评估，然后鼓励他们庭外和解，但他不能强制要求他们做任何事情。戴维斯给出明了的事实情况，和解员很欣赏她在大多数问题上的有关法律方面的知识与辩词。整个会议期间，她在与奥斯瓦尔德的交流中都保持了冷静，和解员甚至还称赞她非常有条理。

（2）**分析**。戴维斯做足功课，分析了奥布莱恩先生在每一个问题上的选择。她帮他看清楚哪些选择可能会赢，哪些选择可能会输。他们达成一致，无论奥斯瓦尔德想怎样打乱他们的阵脚，他们都要保持十足的冷静。而且，他们的建议应当理性，这就与奥斯瓦尔德极端的立场形成了对比。因此，和解员很快就会明白谁才是合理的一方。

（3）**回应**。她对如何回应对方的荒谬立场及陈述，给出了有用的信息并做了演练。她不是把信息私人化，而是重在直接表达出来："在这种情况下，那其实是不正确的。这件事的实情是……"戴维斯和她的客户在他们的陈述中保持了简短和信息丰富的风格以及友善和坚定的态度，赢得了和解员的尊重——他是听得最多、也是最重要的人。她似乎还给奥布莱恩太太留下了深刻印象——本来在和解会上的大部分时间里，她都对自己的律师言听计从。

（4）**施加约束**。和解会议之前，戴维斯女士对各类问题都做好了准备，她能够自信地说出客户在交涉每个问题时能退让的底线，尤其针对奥斯瓦尔德可能提出的不切实际的建议与要求。她不必靠生气或叫喊表达自己的观点。她保持冷静与自信的状态，实际上使她显得愈加强大。

和解会议那天解决了一些问题，但仍遗留了一些，最终他们还是走向了庭审——对戴维斯来说，这一步殊无必要。然而，她坚持使用CARS方法，并在大多数重要问题上获胜。此后不久，奥斯瓦尔德就和他的客户分道扬镳，而戴维斯仍与奥布莱恩先生保持联系，让他在今后需要法律援助时仍然可以联系到她。

结论

欺骗型高冲突人格者又称为反社会者，恐怕是我们在工作或其他领域最难与之相处的人格类型。然而，在CARS方法下，我们即使是面对具有这种人格的人，也能大有作为。重点在于对他们施加更多的约束，因为他们的行为可能非常出格。他们不关心你是否想与他们建立情感联系，尽管他们通常喜欢受到关注与尊重，但他们对同理心并无需求。

针对这种人格分析你的选择会有很大用处，因为他们太让人困惑、沮丧，有时还很危险。最好是能找到专业的咨询与获得他人的支持，可以帮你找到有用的办法。在本章第一个案例中，领导从EAP办公室的人那里寻求并得到了很好的帮助。在律师的案例中，戴维斯找到了她的顾问/导师，很熟悉她所相处的那位磨人的律师。

学会用可靠的信息做出回应，对对付具有这种性格的人很有用，因为他们经常说谎，而且煞有其事。永远不要低估反社会者的能力，不论你指出他们什么样的行为问题，他们都能说服别人是你错了，而他们则完全无辜。

对反社会者施加约束通常需要得到他人的帮助，因为反社会者的行为可能会非常粗暴。但动作要快，因为他们常常是在肆虐之后、受到追究之前就转移到另一处职场。

然而，与欺骗者相处最大的风险，是他们会把一些对你很重要的东西完全"骗"到手，比如钱财、名誉、朋友以及人身安全。记住对每个人都保持合理的怀疑。如果你是因为谨慎，而要核实其他人给你的信息，大部分人都不会觉得受到冒犯。实际上，这可能是一个有用的警告信号：如果他们因为你保持合理的界限或是寻求更多的信息而生气，那么他们或许隐瞒了什么东西。

记住，在上面所有例子中，人们都是信任了实际不应该信任的人。你会在工作中（以及其他任何地方）找到欺骗者，他们可能作为员工（鲍勃），或是作为管理者（两位挪用公款的项目主任），或是作为需要与之合作的同行（奥斯瓦尔德），甚至是作为企业主——比如伯纳德·麦道夫，他毁掉了自己的公司和所有为他工作的人的饭碗，也毁掉了数千名信任他的投资者的经济利益。

第六章

戏精型（表演型）高冲突人格者

现今的职场就像磁石一样吸引着表演型高冲突人格者。他们通常易于表现出下列倾向：

- ·总想成为众人瞩目的焦点
- ·描述起事情来极尽夸张之能，但真假莫辨
- ·情绪浮于表面、喜怒无常[1]

不论他们是员工、客户还是领导，总有很多人关注他们，听他们激情满满地讲故事。这些没有戒心的同事、领导或者其他什么人，轻易地就被带进他们的表演中。下面就让我们看看其中的一些情况，以及如何使用CARS方法来应对。

---

[1] 美国精神医学学会《精神障碍诊断与统计手册（第五版）》，张道龙译，北京大学出版社，2015，第667页。

戏精型的部门领导

撒莱在美国的某个州政府工作。他们部门的领导层最近发生了变动。新任的部门领导叫玛戈特·格罗夫斯。这个人很会"演戏"，时时渴望被关注。由于工作中要和玛戈特以及其他几个有高冲突人格的同事打交道，撒莱备受打击、心力交瘁。唯一能让她有些安慰的是，她的主管本（Ben）还算是个容易打交道的人。可一个组织的整体基调终归是由其最高层管理者所决定的，而玛戈特无疑就是戏精。

玛戈特开了无数的会，但一谈到具体的行动计划，就没了主意。她最近宣布大家每月都要轮流上夜班，但又没有将相应的实施细则发给各个主管。很多员工都是单亲父母，突然要上夜班的话，他们根本就没办法照顾家庭。

而其他员工，诸如撒莱，年龄都比较大，担心一时适应不了时间颠倒的变化。大家都想早做准备，所以不断向这位新领导打探夜班将会如何安排，但却总是一无所获，拿不到任何时间表。玛戈特给出了带有强烈情绪的回复，但并没有提供什么有助于决策的事实或详情。

撒莱只好向"员工帮助计划（Employee Assistance Program）"求助。这个计划的咨询师都接受过CARS方法的培训。

（1）建立情感联系（Connecting）。在撒莱和她的大领导玛戈特直接接触时，她按照EAR表达法让对方感受到她的理解和尊重。一旦玛戈特开始向她大吐苦水、抱怨管理问题时，撒莱会说："那真的太不容易了，听着太打击人了。"这种话让玛戈特很受用。有时玛戈特听了后，就会冷静下来，变得容易相处多了。

（2）**分析**（Analyzing）。撒莱和她的"员工帮助计划"咨询师玛丽亚一起探讨问题的解决办法，她们想到了内部调动。在分析这个方案时，她们考虑了以下问题（已在第二章的"分析选择"中列出）：

·这个方案现实吗？是不是易于操作？

·这个方案的效果如何？能不能解决掉这个问题，或者至少是把局面控制住？

·这个方案是否会需要其他人的介入？他们的帮助靠得住吗？不要假定他们会理所当然地支持你，要事先和他们确定一下。

·这个方案的优缺点是什么？仔细掂量、扪心自问每个优缺点究竟有多重要。有一种方法可能会大有帮助，即把重要性按等级划分，"3=非常重要；2=有些重要；1=不重要"。

·最有可能发生哪种"假设的情况"？你该如何应对？

·为了确保这个方案行得通，还有其他什么事情要做的或者要明确的？

·实施这个方案的时间安排和步骤是怎样的？

·这个方案是不是符合你的价值取向和追求？

撒莱担心换了部门后薪水会下降。这个问题很困扰她，因为她想一直按现在的薪资水平在这家机构工作，直到满30年工龄后退休，而离她退休的日子还有四年。但在研究完第六个问题后，她发现退休金是按照收入最高的两年计算的，于是她心里有了定夺，愿意为了换部门断了涨薪的念头（前面的第四个问题）。

之后，撒莱和她的"员工帮助计划"咨询师讨论了前面的第三个问题，她还取得了丈夫的支持，她的顶头上司也批准了她的调职申请，还送上了祝福。接下来她的任务就是要决定申请调到哪个部门去。

在做了一番调研后，撒拉挑出了两个备选部门。这两个部门在同事中都有很不错的口碑，大家都觉得这两个部门的管理好、领导善待员工，而且做事有效率。接着她和玛丽亚商量了一些个人问题（第八个问题），包括：现阶段什么样的生活节奏对她最合适，让她可以照顾好家庭？新职位有怎样的要求？这个职位是不是需要她学习新的技能？

举例来讲，撒莱可以周六上班，周日和周一休息，但不想上夜班。她多年前的工作岗位需要自己开车去拜访她所负责的家庭，那个时候她觉得这事很有意思。但现在她发现自己这个年龄再开车的话有点力不从心，所以更愿意待在办公室工作。

在和玛丽亚讨论了几次后，撒莱决定休个假，好好权衡一下两个备选方案。休假回来后她容光焕发，又去见了玛丽亚。她已经决定了要调回到多年前工作过的一个部门。她在那儿还有朋友，那些朋友对那个部门的管理和工作量都很满意。在有些情况下，最现实的解决办法是待在原地，努力一步步地改善情况（见第二章），但在某些情况下，换一个位置会是更好的选择。

提交调动申请后没几周，撒莱就被批准调到她想去的那个部门了。她的朋友给她写的推荐信也让她在主管那里留下了良好的印象。她顺利地完成了两个部门的过渡。虽然在收入上她每年损失了几千美元，但为了幸福和内心的平静，她觉得她这一步走得非常值。

（3）应对（Responding）。玛戈特这位部门领导并不是把谁都当仇敌，也不是有意混淆视听。她只不过是人格具有高冲突性，表现在夸张的情绪和凡事都大惊小怪上。由于一遇到问题她就指责别人，所以她总是把大家都弄得紧张兮兮的。但也是因为具有表演型人格，她向人发完脾气后转脸就忘。所以如果玛戈特说一些过激的话，撒莱并不回应，而是当作耳旁风，因为撒莱知道，这些话玛戈特说完也就抛在脑后了。

（4）设定限制（Setting limits）。要和她的老板划清界限，撒莱能做的主要就是调换部门了。假设她还留在原来的部门，那就得花更多的力气去想办法避免玛戈特的戏码给她工作带来的影响。所幸撒莱知道玛戈特并不是针对她，也没有困在原来的部门，任自己被玛戈特的大呼小叫所叨扰。

有时候，把自己从困境中抽离是一种最好的设界方式。如果你发现高冲突人格者并没有迹象要改变，而你又有机会从他们的控制中逃离出来，那么别犹豫，赶快逃。

女演员

　　好莱坞出名的是它的演员，以及这些演员如戏般精彩的私生活。朱莉就是个真实的写照，她也完全符合表演型人格的各种特征。她有一位私人助理温迪，这位助理负责为她收拾各种残局——不管是真实的还是虚构的。

　　"我的项链在哪儿！"一天朱莉从她豪宅的楼梯上冲下来，大叫道。"我上周还看见了！"她大嚷着冲进二层温迪的办公室。

　　"我就不信项链丢了。"朱莉大吼，"你信不信？肯定是那个新来的管家干的，她叫什么来着？我就知道我不应该雇她。一用外国人，准会有麻烦！我该怎么办？我今晚想戴我最爱的那条祖母绿项链！你得给我搞定它，温迪。去给我搞定它！"

　　对于朱莉大惊失色的样子，温迪早已视如家常便饭。她泰然自若，倒是担心她的老板哪天会突发心脏病。

　　"告诉我你最后一次是在哪儿看见项链的。"温迪一边从她的位置上起身一边说，"我们一起找找看。"

　　"你得把她给我开了！我这辈子都不想再看到那个女人了。我说的就是那个管家。就是她干的！我就知道要出事。我见到她的时候就感觉不对。我当时真的直抖，抖得肝颤。她让我想起了一个角色，是我早年拍过的一部B级①惊悚片里的，那感觉真的吓死人了。

-----

① B级影片：在美国指的是低成本的商业影片。（译注）

你得让她走，现在就让她走，让她再也别回来。"

"你是不是把项链放进了卧室的保险箱？你之前跟我说的时候，我记得你是说放在了那儿。你看保险箱了吗？"温迪问。

"这还用说，你这个白痴！知道我为什么发火吗？我发现项链不见后第一个找的就是保险箱。你当我是白痴吗？我得找到那条项链。我一戴上它，大家都夸它好看。其实我觉得他们是在变相夸我的胸好看。我就说嘛，有好的东西，就得拿出来晒晒！"

"咱俩一起好好在你的卧室里找找吧。"温迪说，她轻挽朱莉的胳膊。

"别碰我！"朱莉大叫一声。她把胳膊抽了回去，对温迪说："我跟你说过，在我脆弱的时候，不许碰我。"

"哦，我是忘了，那我不碰你了。"温迪悠悠地说，"你有没有看看你办公室的保险箱？也许你这几天把项链放到了那儿。"

"你也太有脑子了，我就恨你这点。我是没看办公室的保险箱，因为我绝对不会把项链放在那儿。你是脑子进水了吗？"

"我们还是去你的办公室找找吧。"温迪说，"你得打开保险箱看看。我不知道密码，我也不想知道。"

"你就没想过我会赖你偷了项链？没想过吧？你可是我的主心骨，没你我都活不了。我越来越依赖你了。"朱莉反问道。

"好吧，朱莉。就看看保险箱吧，看看里面有什么。"温迪继续劝她。

朱莉转了密码锁，打开保险箱。光天化日下，里面赫然出现了一个小盒子，里面装着朱莉的几条项链，其中一条就是她要戴的祖母绿项链。

"它们怎么会在这儿？"朱莉尖叫道，"谁把它们放在这儿的？"

"你好好想想，你最近把项链送去清洗过，我有印象你把项链放在了办公室。可能是项链清洗后送到了办公室，你就把它们先放在了这儿。之后你也许又在办公室干其他的事情，就把项链暂时放进了保险箱。"

"好吧，但我还是想让你把那个管家开了。天啊，我终于能缓口气了。终于找到你们了，我的宝贝项链。"

"你现在没事了吧？"温迪问，"我得回办公室把你下个月的行程安排好。管家的事，我们稍后再谈吧。现在找个管家越来越难了，或许我们可以做个单子，把管家的优缺点都列一列。"

"好吧，随你。"朱莉应了一句，她已经完全沉浸在对项链的爱抚中了。

（1）**建立情感联系（Connecting）**。温迪主要是用她的镇定和EAR表达法去应对她老板的大惊小怪和责问。她也运用了积极的自我谈话来不断提醒自己关于事情的本质：

"这不是针对我。"

"这并不是问题的真正所在。真正的问题是朱莉缺乏自我管理的能力。"

"她给我的薪水还不错，她要不是这个样子，我可能还得不到这份工作。"

"总有一天我会为其他人工作。"

（2）**分析选择**（Analyzing options）。在朱莉小题大做的时候，温迪最主要做的就是帮她分析出其他可能性。朱莉的行为表现出高冲突人格者最常见的两种"认知歪曲"："非黑即白"思维及妄下结论（请见第二章的介绍）。在前面的情境中，她一口咬定是管家偷了她的项链，但温迪并没有和她争论，而是关注在当时有什么可做的事。之后，对于解雇管家的事，温迪说过一阵再和朱莉一起商量、权衡利弊，是因为她知道朱莉情绪平复后，才能集中注意力。

（3）**应对敌意和误解**（Responding to hostility or misinformation）。很明显，朱莉爱责骂别人。而温迪的应对办法是：保持冷静，询问她解决问题的其他可能性。比如说，"咱俩一起好好在你的卧室里找找吧"和"你有没有看看你办公室的保险箱"。她的提议简短、有建设性，态度温和、坚定。对于朱莉的责骂，如"你这个白痴"和"我就恨你这点"，她并没有回应。忽略负面因素，聚焦在明确的信息上，强化正面因素，温迪用这些方法控制住了朱莉的情绪，没有使情况恶化。

（4）**设定限制**（Setting limits）。温迪做了很多努力，把朱莉的注意力转移到解决问题上去。在和朱莉一起分析利弊后，她很有可能成功地阻止朱莉解雇那个管家。朱莉爱责骂人已经变得人尽皆知，导致的现实问题是她会越来越难雇到管家。让朱莉看到各种利弊后，温迪可以强调留下管家的好处，强调重新换管家的负面影响，当然前提是真能有人愿意申请给朱莉当管家。一份利弊清单有助于让朱莉冷静下来，而温迪也知道怎么利用清单去说服她。

生物技术公司的副总裁

贾尼斯在一家大型生物技术公司任高级经理一职。她是刚刚才加入这家公司的，但她生平第一次发现自己竟无法与上司"合上拍"。她的上司叫杰克·希尔，是公司的副总裁，掌管她的部门，直接向CEO汇报。

工作后不久，贾尼斯就发现杰克喜欢指摘其他经理和高层，话说得很夸张、过分。比如："你知道有天晚上有人看见某某某和一个女人进了第五街酒吧吗？"或者"你知道谁谁谁的贷款申请被拒了吗？因为他的信用记录太差了"。他会在一对一的会议上对别人说三道四，也偶尔会在整个团队的会议上发表他的恶言恶语，而在座的都是他的直接下属。贾尼斯不知道他说的到底是真是假，但她听着却是实实在在地别扭、刺耳。而杰克却看起来乐此不疲，到处散播流言蜚语。

在贾尼斯刚上班的几周里，杰克照例给她分配了项目。但之后他又突然收回了项目中的部分工作，也没有给出任何解释。贾尼斯问他要个说法，他说是CEO的指示，因为这个项目的周期要缩短，所以希望由他来负责。贾尼斯心想，她也可以按照调整后的周期继续完成项目的，现在不让她做了，是不是意味着她的老板在怀疑她的能力，她开始有点担心了。后来还有几次，杰克抢了贾尼斯的功劳，对她的付出没有任何表示。

贾尼斯还留意到，有时为了一己私利，杰克还会私改公司规章或是歪曲事实。他还偷偷地跟贾尼斯说过，他时常担心会惹怒CEO，因为CEO常常朝他吹胡子瞪眼，威胁他要把他踢出管理层。

而贾尼斯从没有亲眼见过CEO这么做，所以她很想知道杰克所说的到底是他臆想的，还是真的确有此事。如果是真的，那么她面对的就是这个公司不同层面的高冲突人格者。如果是假的，那杰克可能会破坏CEO在公司的声誉。但贾尼斯想好了，她不会向任何人讲出她的顾虑，她不想卷进这出戏里。

（1）建立情感联系（Connecting）。贾尼斯去咨询了，而且很快决定要把EAR表达法用在她上司身上。在之后的第一次一对一会议上，贾尼斯觉得自己出色地运用了EAR技巧。杰克敞开了心扉，倾诉了他为了保住工作所承受的压力，还说他觉得CEO给他的压力就像"拳击沙袋"一样在他眼前晃来晃去。开完会后，贾尼斯感觉已经和杰克建立起情感联系，她觉得杰克对她已经产生了信任。

大约一周后，贾尼斯的弟弟骑摩托车时发生了严重的车祸，在一个假期的周末不得不用上了呼吸机维持生命。贾尼斯立即给杰克发邮件告知了情况，周末就在重症监护室陪着弟弟。起初，她的上司还算是通情达理的。他回复了贾尼斯的邮件，说知道这是个大事，同意贾尼斯请假陪在家人身边。贾尼斯也说她会尽量通过邮件保持联络，而且在这段时间也会继续用公司的电脑工作。

48小时后，由于贾尼斯弟弟的情况已经回天乏术，弟弟的家人决定撤掉呼吸机。但他们会再等两天，好让弟弟的孩子赶来见最后一面。贾尼斯把这个情况告诉了杰克，这回杰克很生气，他问贾尼斯什么时候可以回去正常上班。贾尼斯告诉杰克她也不确定什么时候能回去。杰克说，照此情形她已经没有假可请了，因为她进公司的时间还不够请那么多假。杰克又说因为贾尼斯的弟弟还没有过世，她也请不了丧假。

杰克还跟贾尼斯说他还没有把这个情况汇报给CEO，他不确定CEO对此会有什么反应，也不想因为这个事和老板发生争执。结果，贾尼斯第二天回去上班了，只能晚上下班后去陪家人。

继这一次和杰克谈话后，贾尼斯又去见了咨询师。她心烦意乱，身心疲惫。咨询师建议她去看医生，从医学的角度评估一下她的状况，看看她要不要休息一段时间。她还鼓励贾尼斯去咨询一下丧亲安抚组织。

弟弟下葬后，贾尼斯又去见了她的咨询师，谈了谈她最近的工作情况。贾尼斯再没有因为弟弟的过世而少上一天班。但她在工作的时候无法集中精神，并不是因为难过，而是因为她的上司喜怒无常，动不动就发脾气。

有一天贾尼斯在杰克的办公室外等他，一名同事过来问候了一下她近来的情况。她说还好，但同事能明显看出她还是很疲惫、状态不好。贾尼斯离开后，杰克问那个同事她们聊了些什么。那同事说只是聊了一下贾尼斯的近况，杰克就说："我看她就是想利用这事来博取大家的同情和照顾！"之后，两名当时在场的同事都跟贾尼斯说了这事，她相信这不是子虚乌有。

贾尼斯再见她的咨询师时，她和杰克的工作关系已经变得更麻烦了。很多次开会，杰克都端着架子对贾尼斯的工作指手画脚，还让其他人改动贾尼斯已经完成的工作成果。贾尼斯是个高级经理，但杰克禁止她直接给任何管理层的人发邮件，所有邮件必须先经他过目和批准。很明显，杰克想让自己成为CEO的唯一联络人。

给其他高管提供支持是贾尼斯的一项工作。每次高管约见贾尼斯后，杰克都会找到她，想知道她和高管谈了什么、她应承下了什么。之后的某天，杰克给贾尼斯发了一份模板，这份模板原本是给非管理层员工用的，要求他们按项目规划出每天的时间安排。面对杰克事无巨细的管理，贾尼斯认为她有必要看一看自己有什么其他路可走。

（2）**分析选择**（Analyzing options）。贾尼斯和她的咨询师一起回顾了应对高冲突人格者的责难的CARS方法，很快她就来到了"分析选择"这个步骤。虽然她也想出了一些举措，但很快认识到辞职应该是最可行的办法。她又花了些时间分析辞职的利弊，最终提交了辞职信，去找新工作了。

（3）**后续**（Postscript）。贾尼斯离开后，杰克把她大部分的工作分配给了团队中他看好的一位明星员工。不到一个月的时间，这名员工也发现了杰克类似的行为模式：害怕CEO对他工作的反馈，十分担心其他高层和经理怎么看他，开会时拿腔拿调地指摘别人的工作。不到两个月，这个人也辞职了。

结语

在本章的第一个案例中，当事人选择调到其他部门工作。而最后一个案例中，当事人选择了离职。对她们来说，分析选择似乎是最重要的一步，有助于她们对自己的职业道路做出选择。通过"员工帮助计划"，在导师或咨询师帮助她们分析情况后，员工和管理人员可以做出更明智的决定，而不是轻易放弃或是去斗气。

在第二个案例中，助理保持住了镇定，帮她的老板把注意力力从过激的反应转移到解决问题上。这种方式可以稳定住某些戏精型人格者，但对有些则不管用。

虽然女性常常被描绘成表演型人格的样子，但最后一个案例告诉我们，男性也会有表演型人格。这个案例中，那个副总裁可能还有自恋型人格特征，即凡事以自我为中心、抢别人的功劳、看不起员工。一个人有一种主要的人格障碍或特点的同时，还呈现出另一种人格障碍或特点，这种情况也并不罕见。

第七章

多疑型（偏执型）高冲突人格者

在《透视职场BT人》一书中，作者卡瓦约拉和拉文德认为，具有偏执型人格障碍（Paranoid Personality Disorder）的人是最可能将问题诉诸公堂的：

偏执型人格障碍（PPD, Paranoid Personality Disorder）患者通常希望成为"群体"中的一部分，但似乎是缺乏技巧与信任使得这种想法无法成为现实。因此他们通常都站在旁边观战，其结果是在工作小组中变得更加孤立。他们会认为你想要剽窃他们的想法或侵吞他们的工作成果。因此，当你和此类个体进行交流时，你最好明确你的意图，同时要说明你相信荣誉最终会实至名归。此外，如果他们认为自己受到了不公正的待遇，还要小心他们对你提起诉讼或者进行抱怨。我们已经了解到，绝大部分的职场诉讼案都是由该类型的同事提出的。[①]

[①] Cavaiola, A. A. and N. J. Lavender, Toxic Coworkers (New Harbinger Publications, 2000), P. 178.

孤僻又偏执的当事人

本案例当事人叫乔，法庭强制他参加物质滥用治疗班。他经常表现出偏执型人格的行为。德洛丽丝是一位资深治疗师，乔被分到了她的治疗小组。

在第一次小组会议前，乔直挺挺地坐在角落里，不看人，也不和人说话。在会上的"报到"环节（每名组员简短汇报他们一周的近况），治疗师想方设法让乔也参与到大家的讨论中。但乔一回答就硬邦邦的，惹得大家很不高兴，不愿意再和他交流。很明显乔并不想加入这个小组。德洛丽丝对他的这种反应也心知肚明，被法庭强制参加治疗班的当事人心不甘情不愿也不是稀奇的事，尤其是第一次参加小组活动。

据德洛丽丝讲，在第一个月里，乔在一系列的小组活动中的表现每况愈下。他并没有放松下来加入治疗，肢体语言和面部表情总是充斥着敌意。治疗师觉得乔带有"黑暗气场"和"阴暗特质"。小组的其他成员开始私下向治疗师抱怨，说乔让他们感觉很不舒服。

德洛丽丝约乔单独见面，想和他聊聊。但乔三缄其口，并不想谈他的问题。在小组中，乔的消极行为没有丝毫改观，其他成员也更公开地向治疗师表达他们的不满。他们反映和乔在一起时很难受，还把他们的不安写在了小组笔记中。

为了遏制乔给治疗小组带来的负面影响，德洛丽丝安排治疗中心的医疗主任马修·菲尔茨见见他。一个周二的清早，乔和他的治疗师见到了马修。为了顾及乔的面子，德洛丽丝委婉地介绍了问题的始末以及乔的负面行为给治疗小组带来的影响。她指出治疗班的规定中明确要求"适当"参与到小组活动中。而参与的方式有多种，她又向乔介绍了一遍如何参与进去。

德洛丽丝对乔讲，每位组员可以口头参与到话题的讨论中，也可以完成和话题相关的书面练习，或者通过写小组笔记的方式表达他们对议题的想法。但是乔从未通过任何一种方式参与进来。为了照顾乔的感受，她很婉转地点出乔的不快、木然、生硬、烦躁和对其他组员无动于衷的表现。德洛丽丝说："乔给大家传达的信息显而易见：'别理我，我根本就不在意你们。'"她问乔对她说的这些有什么想法或回应，而乔只生硬地抛出了句"没有"。

接下来马修用CARS方法和乔交谈。

（1）**建立情感联系（Connecting）**。他首先对乔的境遇表示感同身受，说参加法庭指派的治疗班，和一群陌生人在一起，本来就是件让人紧张和困难的事。

（2）**分析出路（Analyzing options）**：接着马修为乔规划出了几条出路并指明了限制条件。下面就是乔可以考虑、选择的方案：

· 他们可以把他和治疗师德洛丽丝一起调到另一个小组，这样他就能有一个全新的开始。

· 他们可以单独把他调到另一个小组，换一位治疗师，他可以继续上治疗班。

　·他可以请个假，去看看外面的心理医生，找找他出现这些问题的内在原因。

　·如果他不想再继续上现在的治疗班，他可以带着学分转到其他的班。

（3）**应对误解**（Responding to misinformation）。为了避免任何误解，马修强调，请假（即第三个方案）会导致乔不能按时完成治疗班的课程任务。他还说明了第四条方案中其他的治疗班和现在这个班的规定都是一样的。

（4）**设定限制**（Setting limits）。马修还告诉乔，他已经不能再回到现在的治疗小组了，因为太多人反映受不了他。马修让乔考虑一下他提出的那几个方案。

接着马修又设定了更明确的限制条件：如果乔的行为举止没有尽快改善，他们将永久把他除名。那样的话，乔又需要回到法官那里，重新去找新的治疗班上课。

最终乔决定换一个治疗师和小组。德洛丽丝向他表达了祝福后就离开了。另一位治疗师（随时待命）就加入了会谈。他首先热情地问候了乔，和他握了手。马修快速地介绍了一下情况并设定了预期。他说希望乔和他的新治疗师两周后再去他的办公室，评估一下他的进展。如果进展良好，他们的碰面也就五分钟的事。反之，他会启动除名程序。

马修让新治疗师给乔做一个简短的介绍。治疗师告诉乔他会如何评估其在小组活动中的参与度及行为表现，而他所讲的要求和之前那位治疗师讲的并没有出入。他问乔有没有什么想说的，乔回答说："好吧，再给我一次机会。"这可以视作一个很积极的回复了，因为乔在整个会面中都沉着脸、一言不发。新的治疗师回了他一句"当然"，之后两人一同离开了马修的办公室。

（5）后续（Postscript）。在新治疗师的帮助下，乔努力完成了治疗班的课程。他的举止温和了，对于治疗师提出的问题，他虽然惜字如金，但也可以给出恰当的反馈。通过使用CARS方法，马修成功地改变了这个孤僻又明显偏执的当事人。

满腹狐疑又怒气冲天的当事人

在另一间治疗机构里，有一位很难对付的当事人，叫詹妮。这个人经常暴跳如雷，对治疗班的工作人员也是各种猜忌。她已届中年，是位职业女性，为了早点结束治疗班的课程，她想把自己的小组活动课挤在一起上（每周两次）。但这个要求没有获批，于是她勃然大怒。治疗班的主任克劳福德医生向她解释道，由于她是法庭派来的，必须遵守各项规章制度，所以他们是不能准许她的要求的。

尽管治疗班的工作人员竭尽所能，但也没能阻止詹妮把事情闹大。她要求和治疗班的主任再谈一次。在温习了一遍CARS方法后，克劳福德医生和詹妮坐下来面谈了。

詹妮先是花了几分钟谴责了一遍当地的警察和司法制度，紧接着又重申了她想尽早结束课程的要求。她不明白法官的判令为什么要这么死板。

"只要我能达到总课时的要求，多久去一次又有什么关系呢？"她问。

（1）**建立情感联系**（Connecting）。"我完全明白你为什么这么窝火。"克劳福德医生说。这倒让詹妮吃了一惊，她没想到这位医生能理解她的感受。

"你这么想快点上完课，有什么特别的原因吗？"医生问。

"当然有啊！"詹妮回答得斩钉截铁，"我有一个已经安排好的海外公干，很重要，而且很快就要走，至少去30天。我想在走之前把这个治疗班上完。"

这次公干显然对詹妮很重要，克劳福德医生也表示了他的认同。

看到了克劳福德医生的反应后，詹妮渐渐冷静下来。随后医生建议他俩一起来看看有什么解决办法。

（2）**分析出路**（Analyzing options）。他们并排在会议圆桌前坐下。克劳福德医生采用CARS方法，让詹妮也参与到怎么解决这个问题的讨论中。根据州政府法律，她是不能把课挤在一起上的，但那段时间她可以请假去出国公干。而请假只需要提交一些书面材料。

但詹妮不想让公司知道她的法律问题，所以最开始听到工作人员提到请假时，她就把这种方式否决了。

（3）应对误解（Responding to misinformation）。克劳福德医生澄清了詹妮的误解。她并不需要提供老板出具的证明信。治疗班只要求提供行程和机票的复印件即可批准她的请假要求。詹妮如释重负。

（4）设定限制（Setting limits）。克劳福德医生建议詹妮在出差前两周把请假申请和所需的材料交给他，他向詹妮保证他会办好这事。

詹妮离开克劳福德医生办公室时胸有成竹，因为她找到了办法，既可以遵守州政府和治疗班的规章要求，又不耽误出国公干。此外，和克劳福德医生这20分钟的面谈也改变了她对治疗班的看法。治疗班不是她的"敌人"，她无需对治疗班的工作人员疑虑重重（偏执的表现）。

（5）后续（Postscript）。克劳福德医生给予詹妮的尊重和关心不仅帮助她化解了困境，也改善了她对治疗班的态度，使她变得更配合、更积极。治疗班的工作人员反映，在这个事件后，詹妮对治疗课程的兴趣和参与度都显著提高了。她在治疗班里度过了九个月的时间，而和克劳福德医生短短的20分钟谈话让她在治疗班余下的日子里受益无穷。

遇到了偏执的总统该怎么办？

理查德·尼克松是美国的第37任总统，就任于1969到1974年，他被很多作者描述成一个大偏执狂。这位曾经的大国领袖，他行为的影响范围可远远不止联邦政府的雇员。

1997年，多位精神病学家合写了一本书，讲述尼克松的偏执人格。书中总结道，作为一个世界级领袖，尼克松开启了中美关系的大门、牵制住了苏联，但他的这些成就都被他的偏执性格压过去了。"各种偏执想法最终导致了他的陨落"，他在"水门事件"中的所作所为就是源于那些偏执的想法，导致了他在1974年辞去总统一职。

历史学家罗伯特·达莱克写过下面一段话来描述尼克松和他的首席外交顾问亨利·基辛格之间的关系：

"基辛格和尼克松都有一定程度的偏执。"劳伦斯·伊格尔伯格（他对两人都很了解）说，"这导致他俩会互相猜忌，但也让他们可以一致对付共同的假想敌。"

……尼克松和别人的紧张关系让他不愿和人相处。"如果不用和人打交道，那当美国总统可简单死了。"尼克松对他的新闻发言人说。[1]

但有意思的是，尼克松虽然被人们说成是偏执狂，但他多年来却取得了不少的成就。在赢得1968年的竞选前的二十年里，他担任

---

[1] Dallek, Robert, Nixon and Kissinger: Partners in Power（New York: Crown Publishing, 2007），p.92

过众议院议员、参议院议员、副总统这些职位，都很成功。当然他也失败过。1960年的总统竞选（对手是约翰·肯尼迪）他落败了，1962年的加州州长竞选他也没能胜出，但1968年他卷土重来，成功当选美国总统。他为什么能成功呢？是因为他周围的人及下属与他周旋的方法吗？

帕特里克·布坎南最近的新书《东山再起》写了他在尼克松身边的日子。他那时很年轻，负责撰写演讲稿，也是尼克松的密友，偶尔也为其出谋划策。他从内部的视角，给我们揭示出尼克松身边的人是如何一次次从他的心魔中拯救他，助他取得辉煌成就——但也没能笑到最后。

（1）建立情感联系（Connecting）？帕特里克·布坎南是一名忠诚的手下。他在书中说："尼克松在白宫的那些年我都在，从始至终，我近距离地参与了他的每一场斗争[①]。"显然，那些年他和尼克松联系紧密，与对方产生过大量的情感共鸣，给对方大量的关注及尊重。

但是布坎南并没有给他的老板设定限制，反而总是附和他，把尼克松遇到的大问题都怪罪到别人身上。但我们很难判断这是否对尼克松产生了影响。下面就是布坎南说的：

如果尼克松在1973年就下台的话，那他可能会成为美国数一数二的伟大领袖。但是竞选连任委员会的忠诚分子竟然批准了潜入民主

---

① Buchanan, P. J, The Greatest Comeback: How Richard Nixon Rose From Defent to Create the New Majonty (New York: Crown Publishing), p.367.

党总部安装窃听设备的行动，这真是愚蠢。而且就在行动即将暴露之际，冲去白宫，笨手笨脚地想要挽回局面……1972年的大选中民主党溃败了，尼克松的对手被驳斥和羞辱，但他们在国会两院、官僚和媒体中还占据支配地位，他们利用在国会的残存势力发起了政变并取得了胜利，这在美国历史上还是头一遭。[①]

　　基辛格也是尼克松的身边人之一。他的职位更高，按理说更有机会去做一些实际的尝试，从而对改变尼克松的偏执情况产生一些积极影响。但他却常常对尼克松的想法起到推波助澜的作用：

　　"你在逆境中的坚毅和独行的勇气让我备受鼓舞。"基辛格在1972年的信中对尼克松说，"为此——也为人类始终不渝的善良和体贴，我将永存感激之心。"[②]

　　"因为有着相似的性格特点，尼克松和基辛格配合得十分默契"，而这些相同点也可能促使他俩"把枪口一致对准政府中的官僚"，他们认为，"政府机构臃肿庞杂，而这些官僚只顾守着他们的权力，不求创新"。[③]

　　（2）分析出路（Analyzing options）？尼克松好像犯了一个史蒂夫·乔布斯（Steve Jobs）没有犯过的错误（见第三章）。乔

---

① Buchanan, P. J, The Greatest Comeback: How Richard Nixon Rose From Defent to Create the New Majonty (New York: Crown Publishing), p.366.

② Buchanan, P. J, The Greatest Comeback: How Richard Nixon Rose From Defent to Create the New Majonty (New York: Crown Publishing), p.92.

③ Buchanan, P. J, The Greatest Comeback: How Richard Nixon Rose From Defent to Create the New Majonty (New York: Crown Publishing), p.91-93.

布斯挑选的合作者都能挑战他，从而促使他去"分析思考出很多解决办法"。而尼克松，这位看起来偏执的总统挑选的伙伴却总是放任他深陷在自己的恐惧中。

在尼克松任职总统期间，基辛格是和他见面、交谈最多的人。基辛格说尼克松是"一个独来独往的人"，尼克松喜欢自己一个人"躲进办公室，一屁股坐在椅子上，然后开始在他的黄色拍纸簿上写东西。他可以一连几小时甚至几天与外界隔绝，只有几名助手能加入他漫漫的思绪中……"

这么一个踽踽独行的苦行者，自然也不会让自己身边围着什么圣贤。基辛格在1970年的时候就曾向英国大使约翰·弗里曼抱怨过，说尼克松身边都是一群混混。[①]

（3）**设定限制（Setting limits）？** 由于身边的人都附和他、放任他的偏执倾向，尼克松缺少一个能管住他的人。而和他关系最近、能管到他的人似乎也都找错了目标。

哈里·罗宾斯（鲍勃）·霍尔德曼〔H.R. (Bob) Haldeman〕是白宫办公厅主任，42岁。他以前在洛杉矶担任过广告公司高管。他在1960年的大选中负责宣传工作。他是尼克松的守护者，是其最得力的助手。当纷繁的要求压向总统的时候，霍尔德曼站出来为尼克松守住他的天地。霍尔德曼也帮尼克松守住他自己。常常决定总统令的执行与否……

---

① Buchanan, P. J, The Greatest Comeback: How Richard Nixon Rose From Defent to Create the New Majonty (New York: Crown Publishing), p.91.

约翰·埃利希曼（John Ehrlichman），曾是一名西雅图的律师，从1960年开始一直参与尼克松的竞选工作。他是尼克松的国内政策顾问……他和霍尔德曼一起为尼克松拦住了那些不请自来的拜访者，让尼克松可以全身心地投入到几乎牵扯他全部精力的国家安全问题上去。[①]

（4）后续（Postscript）。上面是历史上的一个案例，它向我们展示出，即使是那些位高权重的人，也是需要有人帮他们分析解决办法、给他们设定限制的。尽管这个案例发生在政府中，但在大小企业以及各种组织中，这种情况也司空见惯，只是这种机能失调都很隐秘，大多数时候你无从获悉而已。

这个案例还说明，对于那些可能有偏执型高冲突人格的人，我们很难给他们设定限制。这些人难以接受批评，经常需要外力来管控他们的行为。在上面的案例中，最终还是国会出面召开"水门事件"听证会、释放弹劾信号，才给尼克松设定了限制。在某些情况下，我们只能利用组织机构的权威去给这类人设定限制。

结语

多疑的人作茧自缚，他们想把一切掌控在自己手中，结果会和

---

① Buchanan, P. J, The Greatest Comeback: How Richard Nixon Rose From Defent to Create the New Majonty (New York: Crown Publishing), p.98-99.

那些可能帮到他们的人擦肩而过。在这一章的前两个案例中，两个当事人都需要接受心理辅导和系统性的治疗，但由于他们对别人太不信任，差点错过了获得帮助的良机。而一旦负责治疗的工作人员与他们建立起情感联系、帮他们分析出解决办法、解答了他们的疑虑，并且给他们设定了限制后，他们就能从治疗课程中获益良多。

而对于一个有偏执表现的CEO，除非借助组织机构的权力，否则我们很难给他们设定限制。而那些有可能帮到CEO的人往往是忙着给他们屏蔽掉不同的声音，导致问题愈加严重。因此，组织机构的检查和制衡一定要做到位，才能避免这种问题恶化，当然最理想的是把问题扼杀在摇篮中。

第八章

导致高冲突的其他问题

在职场上，还有另外三个问题也是高冲突的导火索，即回避型人格、文化差异和物质滥用。这一章我们将会着重介绍一下这三个问题。此外我们还整理出了一份清单，把容易导致职场高冲突的个人观念和性格特点都罗列了出来。

回避型人格

在工作场合，回避型人格者常有如下倾向：

· 总是害怕被人批评或拒绝

· 由于这种恐惧，不愿和别人有太多接触

· 遇到新情况后不知所措

· 不愿冒风险，尤其当着别人的面

· 不愿做得罪人的决定

我们平时听到最多的对回避型人格者的抱怨，都是针对回避型管理者的。通过下面的案例，我们可以了解到如何使用CARS方法与具有回避型人格的管理者相处。

简就职于一家大机构，在其中一个大部门担任主管一职。简懂技术、有能力管理复杂的数据，十分受领导的器重，因此晋升到了主管的职位。但最近，简的部门生产力下降，员工也怨气连连，部门总监为此很担心。

因此总监请来了一位咨询师，想看看有没有什么办法解决这个问题。咨询师和几位核心员工进行了单独谈话，又开展了几次团队建设活动，很快就发现问题，原来是简不适合这个管理职位。咨询师了解到，当初是总监为了犒劳简才把她提拔上去的，但主管这个职位需要简去管理她以前的同事。

一方面，简并不是故意要为难她的下属，她只是不明白下属所需要的是"不断的关注"。她认为团队一起开会是浪费时间，大家只是聚在一起发牢骚。她搞不懂为什么大家不能关起门来自己埋头工作。

另一方面，她的下属都感觉缺少来自她的支持和指导。平时他们想找简搭把手的时候，简冷若冰霜。他们想找简一起开会的时候，简要不一再拖延，要不干脆就说没时间。结果工作进度常常停滞不前。但是这些下属都知道简对于他们部门的重要性，所以即使大家觉得很受打击，也不敢去和总监说业务下滑的问题。与此同时，整个团队的士气直线下降，生产力大打折扣。

问题的根源水落石出，咨询师约总监见面，一起分析情况。咨询师运用EAR表达法，告诉总监他（她）也认为这种情况很棘手，之后两人一同寻找解决办法。众所周知，按照部门的组织架构和晋升路径，升到更高的职位后往往职责就要涉及管理他人。但现在总监认识到，尽管简是帮大家解决难题的不二人选，但她并不愿意从事管理岗位的工作。

总监找到他们的人力资源部，说明了问题。人力资源部基于简的技术专长，为她设计了一个新的高级职位。这个职位在部门总监的级别之下，但不需要管理员工。总监希望这个办法（选择）能解决问题，不会引起任何误解，也不会限制住简和同事的接触。随后，总监约简面谈。

总监采取了前馈[①]的方式。她对简表达了情感上的认同，给予简关心和尊重。她把重点放在简为该机构带来的价值上，也特别谈了简需要更多地参与新项目的事情。

总监告诉简自己想再次提拔她，而这次的职位是为她量身打造的。她的新职责将主要是辅助总监工作，不需要管理任何下属。总监没有和简谈她在管理上遇到的问题，对于简下属的不快也只字未提。总监只是让简帮忙选出一个人，来接手她现在的工作，而且让

① 前馈：是一种预先的控制行为，和反馈相对；是指对即将出现的偏差有所察觉并及时预先提出某些措施来进行有效的控制。（译注）

简帮助这个人尽快上手处理部门现在遇到的一些技术问题。

在部门的一次披萨派对上，总监宣布了职位的变动。几个月后，咨询师来对情况进行复查，发现大家欣然接受了这个职位变动。部门的生产力大幅提高，士气也大幅提升。简也非常开心能够独自工作了，她也很乐于帮助总监和新的部门主管。新的主管也很善于和人打交道，与员工保持着积极互动，并且乐在其中。

总监给她的部门带来了一个双赢的结局：她留住了简，也保住了她的技术专长，又找到了提升其他员工的士气和提高部门生产力的方法。

文化差异

冲突行为的产生有时源于双方的文化差异，还有些情况是由文化差异和性格问题共同造成的。不论冲突的原因是什么，也不论当事人是谁，你都可以运用CARS方法帮助他们，而无需纠结于问题本身。

艾米有一家中等规模的公司，是做瓷砖铺贴的。她从一个大型住宅区的开发商那里拿到一个订单。开发商方面负责艾米所承接的项目的主管叫赫克托。这个人和颜悦色又专业在行，但问题是不太会安排时间。不久，艾米就和她的团队讲，和赫克托合作就是场"噩梦"。

但很快艾米就认识到光抱怨是没用的。赫克托严重缺乏自知之明，总是把问题怪罪到别人或外部系统上。但因为担心把问题闹大，艾米又不想把赫克托的上级牵扯进来。由于艾米和赫克托的不同种族背景，还涉及文化方面的因素，这使得问题更加复杂了。

虽然赫克托干活质量很高，但总是无法按时完成。艾米很客气地向他反映过，但他并没有什么变化，反而惹得他不高兴了。所以艾米决定去见一见咨询师，看看有没有其他办法可以解决这个问题。

艾米告诉咨询师，不论她多么委婉地给赫克托提意见，他都很抵触。咨询师知道后向艾米介绍了RAD和CARS方法。讨论了一会儿后，艾米认识到她的这个合作伙伴原来是有高冲突人格。她知道自己没办法改变赫克托这个人，只能通过一些方法改变现状。咨询师劝艾米，不要总去想赫克托不懂时间管理和团队合作而造成了种种问题这件事，而是要克制住满脑子不断回放那些麻烦的冲动，把精力放在使用前馈技巧上。

再次与赫克托合作时，艾米试着使用了前馈法。她针对下个项目开了一个讨论会，集思广益，让赫克托也参与其中，尤其花时间讨论了项目的完工期限并询问大家的意见。在接下去的几个星期里，她又对赫克托使用了CARS方法。在表达上，她使用EAR方法，站在赫克托的角度理解和尊重他，让他感受到深切的关心与真诚的支持。艾米还引导赫克托主动参与到问题的解决中去。

碰到问题的时候，特别是在安排工期的问题上，艾米会让赫克托先做一份提案，然后她会基于这份提案做出合约。虽然中间也出现过一些小状况，但这次的项目整体来讲进展顺利，艾米和赫克托的关系也得到改善了。

艾米意识到，这次她接受了赫克托的时间管理存在问题这个事实，调整了自己的预期，所以项目进展得更顺利了。在时间安排上，她给赫克托的交付时间留出了余地，但并没有告诉赫克托。她采用赫克托的提案，在出现问题的时候，她就说"这有点难办了，你打算怎么解决"，以引导赫克托想办法。

艾米发现，能让局面得到改变是由于她做到了下面这些：接受RAD方法，使用CARS方法，通过EAR表达法与赫克托建立起情感联系；让赫克托做提案，引导他分析解决办法；没有揪住过去的错误不放，而是通过前馈方式的谈话给赫克托设定限制。他们之间的文化差异也没有带来麻烦，因为艾米并没有以任何方式指责赫克托（指责很容易被解读成带有文化偏见），而是着眼于未来，以一种全然正面的方式让赫克托参与到制定目标和安排工期中去。

物质滥用和高冲突行为

在本书中，我们讨论的所有人格类型的人都有很大可能出现物质滥用问题，因为这些类型的人在日常生活中容易使用酒精或药物等物质来缓解他们的人格障碍症状。此外，不论是否有人格问题，正处于康复期或还在受药物或酒精影响的员工，大多数会在工作场合表现出高冲突行为。对于员工滥用药物和酗酒，美国国家药物滥用研究所（National Institute of Drug Abuse）的报告提供了如下数据：

· 滥用药物或酗酒的员工要求早退或请假的几率是一般员工的2.2倍

· 滥用药物或酗酒的员工八天以上不来上班的几率是一般员工的2.5倍

· 滥用药物或酗酒的员工上班迟到几率是一般员工的3倍

· 滥用药物或酗酒的员工上班时发生事故的几率是一般员工的3.6倍

· 滥用药物或酗酒的员工提出工伤索赔的几率是一般员工的5倍

无论企业大小，员工滥用药物或酗酒都会带来很大的问题。美国精神病学会（American Psychiatric Association）在最新的一版《精神障碍诊断与统计手册（第五版）》上把物质滥用定义为"物质使用障碍（Substance Use Disorder）"。它会影响公司运营的诸多重要方面，如员工健康、公司安全、生产率、安保、员工士气、企业形象等。

从上面的资料我们可以看出，企业需要设立规章制度禁止上班饮酒或滥用药物，以期达到如下两个目的：

· 向员工明确上班是严格禁止饮酒和滥用药物的

· 鼓励那些酗酒或滥用药物的员工主动寻求帮助

本书的两位作者在和药物滥用及酗酒员工打交道上均有多年经验。在职业生涯初期，两位作者都在一家大型精神病院的药物依赖部门工作过，之后自己开了诊所，专门从事酗酒和药物滥用的治疗的相关工作。

行动的滞后性

我们多年的经验一再印证：经理/主管/老板都不愿意着手处理他们员工的物质滥用问题，因为担心自己的判断会出错。他们通常觉得自己在这个领域并不擅长，等到采取行动时往往情况已经变得不可收拾了。他们不愿去处理，是因为他们有这样一种错误的假设，认为自己需要知道员工到底使用的是何种药物，或者要看到员工滥用药物才能确认问题的存在。

这样的想法是绝对错误的。管理者不应该提到任何涉及酒精或药物的字眼。他们和员工的谈话应该围绕可量化的、能衡量的指标，如出勤率太低、没有按时完成工作的情况、工作的状态不佳、欠佳的业绩等。

如果你怀疑某位员工有物质滥用问题，在你和其沟通时，CARS方法可以为你提供绝佳的辅助和指导：

（1）**与员工建立情感联系**。方法是使用EAR表达法向员工传递出你的关心、同理心和对对方的尊重。你要表达出你重视这些员工，让他们知道你很担心他们在某些方面出现了问题，如出勤率、生产率、客户投诉或其他方面。

（2）**分析出路**。找员工谈话，引导他们想办法改善自己的情况。给予他们适当的帮助，让他们知道公司有"员工帮助计划"的服务。若是员工出现了一些可能影响到他们工作表现的个人问题，就尽可能地帮他们解决。

向员工澄清他们对公司规章制度的误解，比如缺勤、迟到和擅离职守的问题。向他们明确，什么样的行为、态度和表现会被记录下来，以及你对他们在这些方面的要求。

（3）**设定限制**。鼓励员工通过如"员工帮助计划"这类的途径去获取帮助。不过，也要再三向他们强调，他们需要为自己的行为和表现负责。

正如前面所讲，在和员工打交道时，管理者对于药和酒应当绝口不提，可以描述行为，比如"你上班报到的时候无精打采、颠三倒四""你昨天开会的时候东拉西扯、词不达意"。管理员还可以对比员工现在和以前正常时候的业绩变化，比如"有五年多的时间，你的销售业绩都保持在销售团队的前5%。但去年你的业绩滑落到了中下层的那50%中"。

对于员工的不佳表现，持续的关注、记录和应对确实是耗时又费力的。尽管如此，我们仍要持续督促员工，让他们在一个公平公正的流程中尽到他们应尽的义务。这种方式可以最大限度地避免重度酗酒者和药物滥用者在工作场合闯下弥天大祸。

同样值得注意的是，有些你担心的员工有可能并没有物质滥用问题。他们可能只是在抑郁中挣扎、身体出了状况，或是有什么其他的问题。采用CARS的四步法可以让你找到影响员工工作的问题，对症下药，避免触及可能会给公司带来法律纠纷的雷区。通过鼓励员工参与"员工帮助计划"或咨询医务人员，可以让员工感受到你对他们的关怀；要求员工遵守一定的行为规范，则为他们设定了限制，有益于企业的管理。

对其他员工的影响

下面我们要讲的是物质滥用问题的最后一点。物质滥用危害的不仅仅是当事人，其影响也可能会波及其他员工。大家可能会担心或者假定，一旦受这个人的拖累，自己的工作量会上涨，也可能受此事影响而闷闷不乐、灰心丧气。无论如何，我们都要谨记，物质滥用问题并不是发生在一个真空的环境中。如果管理者没有妥善地处理好员工的物质滥用问题，盗窃、工作场所内的毒品交易、生产事故、斗殴及其他问题都有可能发生。

物质滥用和高冲突人格

虽然前面几章我们关注的重点是高冲突人格，但一个人无论是否具有高冲突人格，都有可能发生物质滥用问题。而对人格障碍所进行的研究指出，和普通人相比，人格障碍患者发生物质滥用问题的可能性更大。因此，我们想抛开人格问题谈一谈，如果出现了物质滥用的情况，应该如何应用CARS方法。请记住，使用CARS方法时，你不需要判定一个人是否有高冲突人格，这种方法适用于任何人。

夜班员工

罗德尼在一家仓库上夜班。夜班的小组一共有六个人，包括夜班主管。不幸的是，为了整宿都能保持清醒，他开始吸食冰毒，而且很快就上瘾了。迫于妻子的压力，他同意住院接受戒毒治疗。

戒毒计划的一部分是给罗德尼安排一位医院的社工。这位社工叫卡梅丽塔，会帮他安排在医院戒毒后的生活。卡梅丽塔主要使用的方法就是CARS方法。

（1）**建立情感联系**。"我知道上夜班特别不容易，你不能让自己犯困。我也在医院上过夜班。"卡梅丽塔说，"我们很快还得再见一见，谈谈你出院后的安排，避免你复吸。"

罗德尼说："那恐怕太难了，我们仓库的整个夜班组都吸冰毒，就是因为这个我才上瘾的！这可叫我怎么办啊。"

"我们之前谈过怎么培养健康自律的生活方式，还记得吗？我们得尽快一起看看有什么办法，必须得从实际出发来解决你的问题。我们都会帮你的。你在接受心理辅导的时候，记得也谈谈这个问题。"卡梅丽塔说。

（2）**分析出路、应对误解、设定限制**。罗德尼和卡梅丽塔坐下来一起探讨解决办法。

"你能不能和主管谈谈，把你调到仓库的其他岗位，躲开你们小组的那些人？"卡梅丽塔问罗德尼。

"这怎么可能，我的冰毒还是主管给的呢！"罗德尼回答，脸上写着绝望。

"你想想还有没有其他办法？"卡梅丽塔说，"我们要打开思路，任何问题都不止有一个解决办法。"

"也许我可以上班签到的时候动作快点，然后赶紧去其他地方，避开组里的那些人。"罗德尼说道。

"嗯。"卡梅丽塔说，"如果用这种方式和他们划清界限，你的压力会很大的。你觉得这种方法现实吗？"

"要不我辞职，但我已经在这家公司工作很多年了。"

"辞职倒是个永远都管用的法子。为了彻底康复，很多人都换了工作。上个月在我们医院接受治疗的一个酒保就决定辞职。因为他的工作是给客人调酒，这就让他很难控制住自己。所以，他最后决定换份工作。"

"这么一说倒是很有道理，但那是对酒保！如果我辞职，我们公司会让我支付这次的治疗费。我只有继续在公司至少干满一年，他们才会支付一疗程的费用。"罗德尼无奈地说。

"你说的我都明白。"卡梅丽塔说，"那我们再想想其他办法。能不能换个部门，也许你可以跟他们讲你现在需要上白班了？"

"这倒是个办法！"罗德尼惊呼，"那样的话我就可以脱离那个圈子，也不损失我的福利。"

"好的！我可以跟你的'员工帮助计划'咨询师讲，就是推荐你来我们这儿治疗的人，说我们强烈建议你上白班。上白班保险吗？不会接触到毒品？"

"上白班时不会接触到毒品。我们公司的大领导会听你们的。"罗德尼迫不及待地回答，"没准一年后我就又能回夜班组了，那儿都是我的好伙计。"

"关于朋友这件事，是你在治疗期间需要考虑的另一个问题。如果你想过健康自律的生活，也许你需要交一些新朋友，你们可以一起康复。你可以在个人治疗和小组治疗中谈谈这个问题。新朋友对于你的长期康复是有重要意义的。"卡梅丽塔建议道。

罗德尼又一脸绝望了。

"罗德尼，看着我。"卡梅丽塔柔声说，"你现在不是一个人。我们都是来帮你的，来这里治疗的人都会遇到同样的问题。在小组会上说出来，说你正在尝试寻找康复伙伴。这些人会成为你的新朋友，生活健康又自律的朋友。此外，我们还有康复见面会，你也可以参加。"

卡梅丽塔接着说："你可以把你上夜班的仓库当作一间酒吧！记得我跟你说的那个酒保吧？你觉得他换工作是合情合理的。如果你周围的人都在使用毒品，你的情况也和在酒吧工作一样。抽时间好好想想，我相信你也能做到。当然，这一切都掌握在你手中，毕竟这是你的生活。想想《宁静祷文》是怎么说的。"

"我明白，谢谢你。"罗德尼微笑着说，"能改变的就改变，不能改变的就接受。"

（3）**后续**。罗德尼离开了夜班小组，改上白班。他把夜班小组的问题告诉了他的"员工帮助计划"咨询师，就是那个安排他去治疗的人。"员工帮助计划"最终也把夜班主管送去接受戒毒治疗。整个仓库的夜班小组由此发生了彻底的转变。

这个结局告诉我们，那个帮你分析解决办法的人一定要能够站在你的角度着想，真的关心你、尊重你，还要懂得设定限制的重要性。在这个案例中，社工很清楚，一个人在戒毒治疗康复中，特别是早期康复阶段，如果周围都是吸毒的人，这个戒毒的人是很难和毒品划清界限的，必须得把界限划得更大一些。

这个案例还告诉我们，CARS方法对罗德尼是有效的，即使没有迹象表明他具有高冲突人格。虽然这个方法最初是为高冲突人格者设计的，但它适用于任何人。值得留意的是，CARS方法特别适用于"动机式访谈"（Motivational Interviewing）。动机式访谈是一种以患者为中心的咨询方法，在大部分的物质滥用治疗中都会被用到。

高冲突行为的其他征兆

下面的清单列出了一些生活背景和观念，它们有可能是职场高冲突的诱发因素。但我们要特别注意，有很多人因为被艰辛的生活磨炼过，会表现得比一般人强势，这是一种很强大的适应能力，不属于高冲突人格的特征。因此不要对别人妄下定论。

如果你发现你接触的这个人有一个或一个以上的下列背景或观念，你可以先试着使用CARS方法与之相处，直到你对这个人的了解越来越深。这个方法也可以帮助你给自己设定限制，以免冒犯到对方，或是让自己陷得太深，又或者让自己变成高冲突人格者发泄的对象。

- 长期和别人发生冲突
- 童年被虐待过，或者幼年时家庭关系存在裂痕
- 把所有关系的本质都视作对立
- 对失去的无法接受和释怀
- 缺乏对自身行为的了解
- 发生冲突后拒绝承认自己的问题
- 总是认为自己是受害者
- 把自己的问题投射在别人身上
- 总是把精力放在分析他人、指责他人上面
- 欠思考，总是感情用事
- 思维极端化
- 对别人充满了怀疑和猜忌
- 解决争端的时候袖手旁观
- 总想控制别人
- 咄咄逼人
- 总想成为被关注的焦点
- 做事很难顾及后果

- 拒绝接受心理治疗
- 不接受别人的意见
- 不自觉地歪曲事实，凭妄想行事
- 故意撒谎，编造故事
- 总想用法律的手段以牙还牙，并且（或者）证明其无辜
- 总把别人也拖入到纠纷中
- 把朋友和家人不是当作自己人就是当作敌人
- 在同事中总能引起误解和矛盾

结语

　　虽然对上面这些可能诱发职场高冲突的因素有了了解，但要注意的是，不能对别人妄下判断或随便给人贴上标签，否则只会把事情闹大。如果对方有一个或更多的潜在高冲突问题（回避型人格、文化差异、物质滥用），他们可能会攻击你或当众指责你无理取闹。而如果他们没有这些问题，你对他们妄下的判断或歪曲会惹怒他们。所以，大家要记住RAD方法：

- 识别一个人是否有可能具有高冲突人格
- 调整你的方法（避免对其说教或评论，把重点放在你可以做些什么，多向前看，采用前馈法）
- 用CARS方法做出回应

就像本章中的案例所告诉我们的那样，CARS方法适用于任何人，不论他们是否有人格问题，文化背景是否存在差异或是否有物质滥用问题。你只需要做到以下几点：

（1）建立情感联系（Connect），站在别人的角度着想，给予关心和尊重。

（2）分析（Analyze）选择，列一个清单或做出方案。

（3）应对（Respond）误解，采用BIFF回复的方式。

（4）设定限制（Set limits），来约束问题行为。

第九章

职场欺凌

职场欺凌在全球范围在愈演愈烈。什么是欺凌？肇事者是谁？为什么会日渐猖獗？怎样做才能保护自己？雇主要做些什么才能给他们的员工提供一个安全的工作环境？这一章我们就来回答这些问题。我们还分享了两个案例，告诉大家怎样使用CARS方法处理欺凌问题——这是另一种形式的高冲突行为。

什么是职场欺凌？

职场欺凌不是一次性的事件，而是一种行为模式，表现在欺凌者和被欺凌者之间。欺凌者往往握有更大的实权，或者表面看来拥有更大的权力。欺凌行为包括恫吓、侮辱、孤立，可以是言语上的，也可以是身体上的；可以是明目张胆的，也可以是掩人耳目的；可以是主动的，也可以是被动的。

言下之意是，这种不良的行为是欺凌者愿意持续强加给他们的目标对象的，且被欺凌的对象是无力阻止的。被欺凌者的这种无力感会越来越强，除了惧怕欺凌者，他们也会觉得自己越来越差劲。那种对恶意行为置之不理，甚至纵容、奖励的环境容易成为滋生欺凌的温床。

欺凌行为对其受害者会产生极其恶劣的影响。大量研究表明，被欺凌者会患上多种相关的疾病，从抑郁症、失眠到肠道功能紊乱，以及会有更高的风险罹患心脏病；企业的生产力会下滑，团队无法正常合作，优秀员工离职，而雇主也会面临更多的医疗和法律问题。

研究还显示，职场欺凌带给员工的负面影响甚至比性骚扰还大，这可能是因为现在有更多处置流程和培训帮助我们应对性骚扰问题。

是谁在职场欺负别人？

通过经验和观察我们可以断定，在职场欺负别人的都是有高冲突人格的人，欺凌和他们如影随形。欺凌不是他们对工作压力的应激反应，也不是对外部"问题"或他人的反应，而是他们内在的一部分，是他们一生的思维方式、感知方式和行为方式。在他们从事现在的工作以前，他们就已经开始欺凌他人了。

有五种人格类型最常与职场欺凌牵扯到一起，正是本书中我们谈到的那五种高冲突人格！虽然这五种类型的人自己往往意识不到（也别妄图向他们指出这点），但其实他们是想要通过欺负别人战胜自己内心的懦弱和恐惧。他们潜意识里有一股驱动力，促使他们寻找"出气筒"，然后对其加以攻击。这是由于当他们感到自己有能力伤害别人时，那一瞬间，他们会觉得自己没那么焦虑和无助。他们的目标可以是任何人，没有特别针对某个人。他们的重点是在欺凌这种行为上，对他们来说目标是谁并不重要。

自恋型欺凌者

这类型的欺凌者想通过欺负别人向自己或他人证明他们是高人一等的。而实际上他们是害怕被别人轻视、害怕低人一等的感觉。他们的这种担心是下意识的，如果你向他们挑明他们潜意识里存在这种恐惧，这些人就会表现出很强的防御性。他们对身边的人经常表现出不屑和不敬的态度，主要体现在言语上。但他们也会开很过分的玩笑、搞恶作剧或耍个小伎俩让你出丑（他们希望这样能衬托出他们的优秀）。他们的这种行为是不由自主的，不是刻意的。

愤怒型（边缘型）欺凌者

这类型的欺凌者会认为他们有一些"好朋友"，如果他们认为自己被"好朋友"拒绝了，通常就会想办法去报复"好朋友"。一旦他们幻想中的友谊开始变淡，他们报复的时机也就到了。哪怕你什么都没做，他们仍旧不问青红皂白，直接付诸行动。他们会散播流言蜚语，说你冷酷无情、道德败坏。如果发生了冲突，他们想让大家认为错都在你。他们想法极端，妄下定论，如"你是站在我这一边，还是跟我作对"。他们很容易勃然大怒，有时还会变得很暴力，或是跟踪他们的目标。

欺骗型（反社会型）欺凌者

这类型的欺凌者想要的不仅仅是让自己看起来高人一等，他们享受伤害别人的感觉，伤害别人让他们感觉自己很强大。他们担心自己被别人控制，所以就要去控制别人。他们会说伤人的话，但更多的是去做伤人的事，包括去偷身边人的东西，指使你为他们办事，但反过来又背后捅你一刀，还会为了他们一时的贪念毁掉你的前程。你可能会察觉到自己被他们控制了或者处于危险境地，千万不要对他们的阴谋诡计掉以轻心。谨记，他们可是骗子。

戏精型（表演型）欺凌者

这类欺凌者遇事总是反应过度，总要找个责备的对象。还记得第六章的那个女演员朱莉吧？明明是她自己把项链乱放，却立马怪罪到她的管家身上。这类型的欺凌者能很快说服大家孤立某位同事或把矛头指向某位同事。他们的情绪很具有感染力，可以歪曲别人对你的看法，所以你可能需要做好善后的准备。

多疑型（偏执型）欺凌者

这类型的欺凌者对别人极度不信任，可能会认为你在利用他们，即使你跟他们只是萍水相逢。这类人心存怨恨，会在你攻击他们（他们臆想的）之前先对你下手。他们会散播流言，说你想要加害他们，其实这只是他们的胡思乱想。由于所有人都让他们担惊受怕，他们经常会制造高冲突的局面。

这类人都会觉得自己是受害者，认为你对他们造成了威胁，所以把攻击你视作理所应当。虽然看起来他们好像是喜欢欺负别人，但那只是表面现象，也许他们真正享受的是那种稍纵即逝的控制感，尽管大多数人是不需要通过损人的方式来获得控制感的。对大部分的这类欺凌者而言，他们认为自己是这个世界的受害者，每天都挣扎在这种感觉中，而那短暂的控制感是他们在这种挣扎中获得的唯一让他们满足的东西。请记住，他们的这种感觉是不自觉的，如果你对他们和盘托出，只会使情况变得更糟。

你能做些什么？

如果你在工作中受了欺凌，可以考虑下面几件事。

（1）**不要和自己过不去**。不要责备或者封闭自己，因为这是欺凌者犯的错，和被欺凌的人无关。你什么也没做错，不应该遭受这样的对待。

（2）**寻求帮助**。找朋友、家人或者同事谈谈你受欺负这件事，从容易启齿的方面开始。和别人谈不会让你显得软弱，反而会让你感觉更坚强。不要以一己之力去制止欺凌行为，很多人和公司都犯过这个错误。要去找公司里能处理这个问题的人，如"员工帮助计划"的咨询师、主管或者其他公司指定的负责欺凌投诉的人。

（3）**了解公司有关欺凌的规章制度**。公司里也许有你可以报告欺凌问题的人，比如人力资源代表或者"员工帮助计划"的咨询师。完善的规章制度会鼓励员工和管理者一起阻止欺凌行为，甚至有必要的话，会开除欺凌者。如果欺负你的是顶头上司，而按公司的规章你应该去向此人反映，这时你就要看看除了他（她），是不是还能有其他人可以联系了。这种只能找直属上司谈的规章是不合理的，公司里还应该有其他人可以处理这类问题。

（4）**记住你是有路可走的**。在那些放任欺凌者为所欲为的公司里，很多优秀的员工会选择离开。你无需将就一个不利于自身安全的工作环境。你要知道自己还有其他的选择，去考察一下这些选择（如调研一下其他工作），你会从中获得力量。记住，这是欺凌者的错，是他们的人格有问题，和被欺凌的人无关。你无需纠结，不要踟蹰不前。如果不离开现在的公司，你或许可以换个部门或者主管。

你的公司能做些什么？

坦白讲，职场欺凌其实是一个文化问题。公司的文化就应当提倡抵制欺凌，因为从员工的角度看，他们是做不了什么的。那些旨在减少操场欺凌的成功方案都是把关注点放在学校整体氛围上的。同样，职场欺凌问题也需要从企业层面着眼解决。下面是基于一个综合解决方案提出的几点建议。

（1）**制定反欺凌的规章制度**。公司的领导者应该设立明确的规章来反对欺凌，建立合理的方式来解决矛盾。要明确欺凌是一种侵犯他人的消极行为，公司是不允许任何欺凌行为发生的。这样的规定可以让员工知道界限在哪里。公司还要明确职场欺凌的后果（并且公司会照章执行），这样可以给员工带来很大的安全感。由于欺凌者为了施行他们的不当行为常会曲解公司的政策，所以全体员工都应该对规章有所了解。

（2）**防范欺凌**。在减少操场欺凌的方案中，通常会组建一个代表委员会，代表来自学校所在社区的方方面面。委员会会组织各种防范欺凌的活动，要求学生和老师都参加，帮助学生学习防欺凌的知识和提高防欺凌的意识组织。放到企业里，这种组织形式可以让各级员工和管理者都参与进来，相较于自上而下的方式，这样更有利于改变企业的文化。但是这要求企业的最高管理层给予有力的支持，否则就无法达成。

（3）**员工培训**。有一种方式可能比制定公司规章更有效，就是通过培训让员工互相帮助并且给他们的同事"设定限制"
（Bryner，2008）。如果所有的员工都觉得自己有义务去维护一个
良好的工作环境，就有可能让那些有恶意的人冷静下来。相反，如
果员工都持"听之任之""事不关己"的态度，就有可能助长恶意
的欺凌行为。模拟冲突情境、让同事来演练如何应对是一种特别有
用的方法。

（4）**沟通渠道要有良好的保密性**。欺凌者往往比被欺凌者拥有
更大的权力。因此那种要求把欺凌事件汇报给直属上司的沟通渠道
就起不到任何作用。关键是要指定独立的人员把欺凌问题汇报给公
司和领导。

（5）**咨询**。如果员工被欺凌后可以找到一个人，放心地把事
情告诉他（她）并一起商量，那么这个人就可以视为一种咨询的资
源，让员工和公司都受益。欺凌通常会引发自我怀疑和健康问题，
而咨询可以让员工和企业减少这种向下的螺旋效应。咨询还可以帮
到欺凌者，可以协助他们改善工作中的不当行为，这样企业还有可
能留住他们中的一些人。从事员工援助服务的专业人士是提供这种
咨询的理想人选。

（6）**明确后果**。公司要让每个人都认识到，欺凌他人就一定要
承担后果。这样有欺凌倾向的人就会三思、不越雷池，而那些有可能
被欺凌的人也知道欺凌行为是会受到惩戒的，他们是受到保护的。

（7）**职场行为的立法**。美国的一些州和某些国家已经考虑通过
立法来维护一个良好的职场环境。关于职场行为的法律可以规范员

工行为以及设立职场欺凌的赔偿机制。这样的立法是应该受到鼓励的，因为抵制欺凌应该成为社会文明的一部分，而不应指望受害者凭一己之力去面对。瑞典是率先为反欺凌行为立法的国家之一。澳大利亚也已经通过了类似的法规，还添加了他们特有的部分，即如果企业高管对员工欺凌的投诉置之不理，将给予高管个人经济处罚。

企业应该意识到，欺凌和人格障碍，将会成为我们这个时代日益严重的问题。尤其是当欺凌者倚仗着雇主主动或被动的支持为所欲为时，被欺凌的人常常就显得格外地势单力薄。因此，一种综合的解决方法才有可能成为公司或组织成功应对欺凌问题的最佳选择。人们还应认识到，欺凌主要是建立在长期的人格模式上的，是一种无意识的行为。理解了这点可以让企业和个人更行之有效地处理这个问题。

企业要认识到大部分的职场欺凌者都可能具有高冲突人格，这样他们对所面临的问题可能会有更深刻的认识：

· 欺凌是一个长期的问题，并不会自行消失

· 欺凌是一个深层次的问题，很严重，不可小觑

· 欺凌问题必须从集体的层面加以解决，而不能把包袱甩给个人，让他们自己去阻止高冲突人格者的欺凌行为

即使没有人力资源部或员工援助人士可以让你寻求帮助，如果遇到了很难处理的情况，我们还是建议你去找人咨询。CARS方法可以让你做出有条理的应对，但他人的帮助也对解决欺凌问题大有裨益，不会让在你面对问题时孤单无助。

明星大厨

为了让餐厅的品质更上一层楼，获得更多的好评，某度假村决定聘用一位声望很高的明星大厨。在几年的时间里，这位大厨成功地帮助度假村达到了其目标，但度假村也为此付出了惨重的代价。一批又一批员工找到"员工帮助计划"的咨询师，工会成员也都去找他们的代表，大家都抱怨被主厨欺负了。

大厨会先在厨房里锁定目标，然后开始对其进行猛烈地攻击。他会羞辱这个人，冲他（她）大喊大叫，还会经常朝他（她）扔锅、碗、瓢盆等用具。他的行为出格，却从未遭到处罚、停职或解雇。度假村的管理层告诉大家要忍耐，要理解他是位艺术家，有着敏感的神经。

"员工帮助计划"的咨询师同几位遭受过大厨暴行和羞辱的员工谈过，也和度假村的管理层开过几次会，但还是无力改变或是制止这位大厨。就连度假村的人力资源部都说他们被最高管理层束手束脚。"员工帮助计划"的咨询师认识到他无法制止、改变这位大厨后，就把精力放在了受欺负的员工身上，帮他们处理压力和情绪。咨询师帮员工分析解决办法，以及如何从自身的角度限制大厨的行为。最终，这位大厨有了新的工作机会，离开了度假村，但他留给这里员工的创伤却久久不能被治愈。

评估欺凌行为

在《离我远点：职场欺凌终结宝典》一书中，作者凯瑟琳·玛蒂（Catherine Mattie）和E. G.塞巴斯蒂安（Sebastian）提供了一份评估量表，判断你是不是职场欺凌的对象。在这个表中，如果你的得分是16~20分，那和你相处的这个人对你是无礼的，但还不至于欺负你。

如果分数是21~28分，"那和你一起工作的这个人正处在产生欺凌行为的边缘"。对这类人，不管他们是老板、主管还是同僚，EAR表达法都有可能奏效。我喜欢把这类人的行为称作"偶然欺凌行为"（Occasional Bullying Behavior,OBB）。在大多数情况下，有这种行为的人可能是一位体贴周到、彬彬有礼的老板，但在疲惫不堪或是强压之下，他可能就变了个人，一不如意就咄咄逼人、飞扬跋扈。或者可能是一位平时和蔼可亲的同事，但工作期限一旦压下来，就会冲你大喊大叫、失去理智。这种情况不常发生，但是却让人惴惴不安。而使用CARS方法可以让这类人的过激行为迅速降温。

《离我远点：职场欺凌终结宝典》的作者认为，如果分数是29~48分，"和你一起工作的这个人一定表现出了欺凌行为"。在书中，他们列出了11条原因去解释为什么人们在工作中会欺负别人，其中第八条原因就是人格障碍。他们写道，"欺凌有可能是人格障碍导致的"。对此，我们由衷地赞同。

高冲突人格的极端特点和各种人格障碍所特有的属性碰在一起，就是一场不折不扣的急风骤雨。高冲突人格者，特别是那些处在极端范畴的人格障碍患者，由于缺乏自省和自控能力，很容易在职场中欺凌他人。我们要注意，不是所有的高冲突人格者或人格障碍患者都会欺凌他人，但欺凌他人的人格障碍患者也不在少数。

用CARS方法应对欺凌者

我们在第一章讲到了RAD方法，大家要记得使用它。

识别（Recognize）出潜在的高冲突人格者或职场欺凌者，重点是在发现问题上。我们应该接受现实，认识到我们接触的这个人是有问题的，他（她）的不当行为并没有停止，还有可能升级。一旦接受了这个现实，我们就该进行下一步：处理问题。

RAD的第二个目标就是调整（Adapt）。你会发现以前用来对付欺凌者的办法并不奏效，因此必须要对你的方法做出相应地调整。欺凌的行为不会自行停止，指望它自己消失而不做任何应对，只会助长欺凌者嚣张的气焰。一种常见的情况是，欺凌你的就是你的上司，要对付他（她）的话，你也许会担心丢了工作或是遭到报复。这时该怎么办呢？

用CARS方法给出、传达（Deliver）你的回应。如果你直面欺凌者，要自信、坚定。可以用"乔，够了"或"我不这么看"一类的表述示意对方对你放尊重点、不要有过火的行为。你要一直有这样一个意识，即身体语言是表达的一部分。如果可能，直视欺凌者，用动作彰显出你的自信。毕竟，大多数欺凌者都不想招惹那些会反抗的人。但这一切还要有赖于你的判断，考虑下面这些情况。

（1）**建立情感联系**。在某些欺凌情况中，使用EAR表达法是很有用的，但对有些情况则不奏效。有这样一个案例：某位女员工（被欺凌者）每天早上都会冲进自己的办公室，然后把门锁上，就是为了避免见到她的主管。她的主管是高冲突人格者。在接受了CARS方法的咨询后，她试着走到主管的办公室，向她问候，说些诸如"主管好，周末过得怎样？"一类的话。她学着在主管面前多逗留几分钟，表达她对主管的关注。这名女员工很快就得到了主管的青睐，之前的压力也几乎烟消云散。

而在有些情况下可能需要尽量避免和某些同事或上司的直接接触，让工会代表、人力资源专家或者"员工帮助计划"的咨询师去直接面对他们，而你尽量把精力放在分析解决办法、应对误解和设定限制上，这种处理方式可能会更有效。

（2）**分析选择**。如果你被欺负了，尽可能把你的遭遇记录下来，包括具体的时间、日期等。做记录是很重要的。这些信息在你正式申诉的时候不一定能用得到，但公司受理投诉之后这些信息就有可能派上用场了。而且在你分析情况和问题的时候，这些信息也有可能帮到你。

比方说，如果你的记录显示，老板总是在他很累、周围也没有什么其他同事的时候欺凌你，而且这都发生在一天中的晚些时候，那么你就该调整一下自己的时间安排，少给老板欺凌你的机会。

你可以找个信任的人倾诉感受，但记录下来的一定都应是客观事实。这个阶段，别人的指导可能对你会有很大帮助。找一位"员工帮助计划"的咨询师，或者你信得过的人力资源代表，让他们帮助你分析一下解决办法。你还可以调离现在的部门，或者公司会有一些辅助手段帮你应对欺凌者，或者有相关的规章和流程可以保护你。

（3）**应对误解**。欺凌者通常会散布假消息，或者倚仗不实的消息行事，还有可能他们二者兼顾！你要想好了怎么用BIFF方法（见第二章）去应对流言、恶意邮件或是其他的负面信息。记住，你的回复要做到有建设性，要简短、态度温和而坚定，否则容易不小心又造成新的矛盾和问题。

一定要把你的信息发给对的人，在点击"发送"之前，要清楚发出去之后的后果。向公司揭发欺凌行为是有风险的，因为一些公司的高管（或欺凌者）不想让这类的信息被人知晓，所以那些揭发欺凌或其他不光彩问题的人可能会因此受到处罚。鉴于此，在揭发之前，你最好找人帮忙，了解一下其中的风险。

（4）**设定限制**。找个信得过的人聊聊你的情况，帮你一起明确到底要对欺凌或自己设定什么样的限制。但有一件事是要清楚的：你的健康快乐是一定要保证的。如果你无法有效地限制欺凌者的行为，就应选择离开。虽然这一步也很难，但形势所迫，有时离开是最好的选择。

好好想一想怎么利用公司的资源给欺凌者设定限制。如果欺凌你的是经理，你可能就需要找他的上级帮忙解决。如果你已经找别人商量过而且很有把握，就告诉领导；如果公司对某某人的行为置之不理，你就应考虑离职。

一方面，我们在第三章讲自恋的人时提到过，很多高冲突人格者很会给上司"溜须拍马"，所以很多高层管理者并没有意识到这些人的不当行为。另一方面，很多高管往往回避、不愿撬动那些在公司有很深根基的人。这也是为什么从长远来看要为职场欺凌立法。在很多企业里，任何一项改变都会遇到很大的阻力。而企业的放任会让欺凌者可以继续为所欲为。

大学校长

拉尔夫新任了某所大学的校长，学校在中西部，规模不大。之前的十年，他在邻州的一所大学里当教导主任，学校也不大，他的人缘很好。当教导主任的时候，大家都觉得他有魅力又机智。人人都知道，他总是有办法让学生和管理员参与新的课程，让家长也很满意。

但在新职位就任不到六个月，就有传言散播开来，说他欺负下属和其他共事的管理人员。据说，他尤其对女性出言不逊，这些女性有的是和他在一个项目上工作的，甚至还有学院的高层领导。

某个星期，学校的人力资源部接到了三名女员工的投诉，说拉尔夫最近欺负、骚扰她们。如果这事被传出去，学校将脸面全无。

　　学校不是很大，人力资源总监和校董事会主席是很好的朋友。总监建议她俩先碰个面，商量一下，看看问题是不是真的很严重。

　　"也许这只是个偶然事件，比如说拉尔夫那周过得很不顺。"主席猜想，"他上任后，我们的确给了他不小的压力。但也许这就是他的一种行为模式，之后这种事情会越来越多。如果传出去，对学校的影响太大了。可能我们得让拉尔夫放几周假，冷静一下，好好睡个觉，或许他还可以找人咨询一下。"

　　"也许我可以从他之前的学校找个人谈谈，看看他在那所学校的时候是不是也有这样的问题。"人力资源总监说，"我觉得我们对他的背景调查进行得挺彻底的，但你也知道，之前的员工总是怕提到工作纪律以外的问题。他的名声一向不错，和大伙儿相处得都很好，还能创新课程。但我们也看到了，他来咱们这儿没几周后，时不时地对人就不太客气了。"

　　人力资源总监又进行了一番背景调查，也通过电话了解了一些情况，之后又找到主席。

　　"没错，他的行为模式就是这样！"总监说，"显然，在之前那所学校的时候，他就开始有这种行为了。但是，他当时的领导，也就是教务长（女性）找他谈过，而且之后一直盯他盯得很紧。这位领导和她的下属其实是'在背后紧盯着他'，她们说后来他好像就再没有什么不当的言行了。在他马上要语出不敬的时候，你就说

'拉尔夫，够了'，这样的话是能制止住他的。"

"要是咱们之前能知道这些就好了。"主席叹了口气，"如果他几年前就这样了，那就明显是一种行为模式。但现在他已经是校长了，这事就很难不传出去。"

人力资源总监也是这么认为的："我听说过一位加拿大广播节目的主持人，他有几年非常红，但之后传出他虐待和性虐那些和他约会的女人。但他说那是双方自愿的'粗野性爱'，他还委婉地向他的上司做了同样的解释，并且他的上司相信了。但之后很多女性站出来，说出了同样的不堪遭遇，以致这位主持人的雇主——国家广播公司很快把他解雇了。新闻评论员说他有自恋型人格障碍，意思是他的行为模式很难改变。我不希望我们也落得这样的下场。"

"我也是这么想的。"主席回答，"明摆着，拉尔夫得走人，而且是现在就走人，不管他是动嘴还是动手欺负别人。我不想让别人以为我们对这种事情会忍气吞声。"

董事会主席找拉尔夫推心置腹地谈了谈，劝他辞职，要不就去见董事会，但董事会一定会把他解雇。可拉尔夫负隅顽抗，说他被误会了。

"我只是偶尔玩笑开得有点过火。"拉尔夫说，"她们的反应也太过了。"

主席预料到了他会这样，早就做好了回应的准备。

"哎，在这几位女同事给出的证据面前，你这种说法太无力了。"主席说，"我不知道是不是有更多人'误会'了你的玩笑或者行为，但这些证据对于我来说足够了。摆在你面前的看来只有两条路了：低调地自动走人，或者闹得沸沸扬扬地被开除。"

拉尔夫最终看清了，和学校打一场他必然会输的仗对他没什么好处，所以选择了辞职。

评论：拉尔夫的案例让我们看到了另一种高冲突人格者，这种人在某种情况下可以被控制住，但换了其他情境就又不受控制了。在他之前的那所大学，学校的教务长和她的手下似乎成功地给他设了限，并且维持数年之久。但是在后来的学校里，也许因为他当了校长，就拥有了太多的权力和自主性，这种情况下，如果拉尔夫有自恋型人格障碍，就意味着靠他自己的力量很难改变其恶劣的行为模式。

拉尔夫在背地里欺负人，美国没有法律去制裁他。但美国是有法律可以惩治性骚扰的，他似乎也是因为这个才离职的。我们很好奇：如果美国有关于职场欺凌的法律，他是不是很早就会收手？

让我们用CARS方法来审视一下这个案例。

（1）建立情感联系。我们能看到，董事会主席在和拉尔夫建立情感联系上做得很好，她说服了拉尔夫主动辞职，而不是被董事会开除。

（2）分析选择。主席帮拉尔夫找到了至少两条出路：辞职或被解雇，并帮他分析了利弊。他还指出了各条出路有可能导致的后果。如果拉尔夫辞职，辞职的原因可能就没有外人知道了。但如果他非要去董事会碰钉子，被踢出学校，那其中的原因一定会公之于众。主席还给拉尔夫讲了加拿大主播的事情。

（3）**应对误解**。主席还向拉尔夫明确了，拉尔夫关于自己是被"误会"的争辩一点用都没有。因为学校接到了太多的投诉，而且投诉他的都是让人信得过的女员工。当然，如果拉尔夫是自恋型高冲突人格者，他很可能坚信自己能靠三寸不烂之舌化险为夷。但显然，主席也是有备而来，事先想好了对策，这样她就能把精力集中到接下来可做的事情上。这就是使用前馈方法。

（4）**设定限制**。这是此案例中最重要的一步。主席单独找到拉尔夫，成功说服他辞职。但如果没成功，还有董事会这把利剑悬在拉尔夫头上，不出意外，他一定会被解雇。我们在前面的章节里讲到了尼克松的案例，就证明了有时只有依靠级别更高的组织，才能把高冲突人格者从其位置上撬动。高冲突人格者通常很难控制住自己，这也是为什么制衡机制和上级（包括董事会）在控制他们的行为时起着至关重要的作用。当然，拉尔夫和主席这么做的原因之一，也是害怕家丑外传。

但拉尔夫在他之前的学校工作时，似乎设限的效果很好，大家都觉得他很成功，还富有创新精神。所以设定限制并不意味着一定要把人解雇，而是必须要有有效的监督，特别是如果高冲突人格者牵涉其中。显然，拉尔夫之前学校的教务长限制住了他的不当行为，学校因此可以受益于他的正面行为。

避免暴力行为

现今，欺凌涉及的问题之一就是暴力。如果高冲突人格者把火力都集中对准某一个指责对象（见第一章），那么通常会进一步引发暴力问题。高冲突人格者习以为常地把自己当作受害者，认为去伤害那些他们臆想的伤害了他们的人是合情合理的。

本书虽然不会讲如何应对暴力问题或者如何评估职场暴力的风险，但所讲的CARS方法有助于稳定情况、专注于解决问题。这样，事件也就不会升级到暴力的程度。但是对于患有人格障碍的高冲突人格者来说，他们的某些特征在特定（或者应该说不当）情况下会引发暴力行为。而CARS方法有助于给这些人的心头之火降降温，让我们最终能拥有一个更安全的工作环境。

可遗憾的是，虽然我们的生活在技术和环境层面都有了很大的改善，但职场欺凌还是现在企业中存在的主要问题。有的是不常发生的，比如一个只顾自己、爱大惊小怪的老板偶尔为之，但也有锁定目标的、持续的、侮辱性的，就像我们前面讲到的那位大厨的所作所为。在这种环境中工作的员工很容易患上创伤后应激障碍[1]。

就像战士在前线打仗一样，现代人在工作中也面临着不可预料的、有可能带来压力和焦虑的环境。员工、经理、主管都有可能成为职场欺凌的对象。如果对欺凌行为听之任之，不仅工作环境会被这种以强凌弱的行为所污染，欺凌也很容易升级成暴力。

---

[1]　创伤后应激障碍：Post-traumatic Stress Disorder，缩写为PTSD。（译注）

职场欺凌是不是越来越多了?

人们关注校园欺凌已经有很多年了，在过去的十多年中，职场欺凌也开始引起了人们的关注。这可能是因为二者具有类似的特征，涉及的都是人格发展在童年受到了阻滞的人。耐人寻味的是，研究发现16%~21%的员工遭受的欺凌给他们的健康造成了危害，而这个数字是性骚扰事件的4倍。

这些数字和社会上统计出的人格障碍的数字有很大的一致性。据第五版的《精神障碍诊断与统计手册（第五版）》的数据显示，在美国约有15%的成年人有人格障碍。因为欺凌者具有持久的行为失调模式，所以他们中的很多人可能会有人格障碍。

因此职场欺凌事件和现代社会里的人格障碍患者同时增加的这种现象，是有一定道理的。欺凌者们似乎控制不住自己，很多企业也容忍了他们的错误行为。而社会上，人们越来越只关注自己，能为别人着想的人越来越少，所以我们预计未来职场欺凌事件会呈上升趋势。

结语

职场欺凌会是一个很严重的问题，员工和企业都需要对此引起重视——特别是在职场中高冲突人格者增加的情况下。从个人角度看，员工是有解决办法的，他们应该找人咨询、帮助，累积起足够的力量通过某种方式去面对和解决这个问题。而旁观者也要发声，或者至少表示出他们是不支持欺凌行为的。企业应该制定并执行反欺凌的规章，并且给员工做好相应的培训。法律可以对欺凌者做出约束，改变社会的风气，使得欺凌问题不单单只落在被欺凌的人身上。每个人都应该有责任给欺凌者设限。

第十章

高冲突人格者的同伙

在纠纷中，如果有人对高冲突人格者那一套"很买账"，选择站在他们那一边，那这种人就是他们的同伙。这些人在情感上中了高冲突人格者的套，却不自知。高冲突人格者通常想法扭曲、情绪无常、一门心思指责他们选定的指责对象。由此他们就会产生一些很极端的负面行为，而他们的同伙则会对此加以维护。他们的激烈情绪很容易影响到别人，可能有人就会对他们的抱怨深信不疑。

在企业中，高冲突人格者的同伙往往是更受他人信赖的人，大家觉得他们有能力、职位高，（或）更通情达理。这些人可能是同事、经理，甚至是企业的大领导。高冲突人格者会有行为模式失调的问题，但他们的同伙一般不会出现这种问题——尽管有些同伙本身也具有高冲突人格。因此，虽然有些人成了高冲突人格者的同伙，但他（她）们说的话大家还是听的。特别是当高冲突人格者经常性的抱怨、激烈的情绪表现或不当的行为已经被大家不当回事时，高冲突人格者的同伙的作用就突显出来了。

所以，"套住"一个同伙可以提升高冲突人格者的信誉，美化其观点。他们可能因此在争端中"获胜"，即使在争端中他们本没什么理可言，或者没有他们的话，争端根本就不会发生。

由于冲突发生时，这些同伙只是道听途说，就一时冲动地站在了某边，他们对指责对象的穷追猛打可能会比高冲突人格者更甚。这是因为高冲突人格者和周围的人还是有牵连和依附关系的，而这些同伙则无牵无挂。他们对实情知之甚少或是信息有误，会从高冲突人格者的激烈情绪中吸收到大量的负能量。

随着他们对冲突双方都有了更多的了解，也对高冲突人格者的行为有了进一步的认识后，他们往往会和高冲突人格者一刀两断，不再把他们看成受害者（高冲突人格者常常这样声称），而且在很多情况下通常能认清高冲突人格者才是罪魁祸首的事实。之后，他们便会怒火中烧，怪罪高冲突人格者误导他们，把他们的职场声誉置于不利境地。

总的来说，应对高冲突人格者同伙的最佳方式就是使用CARS方法。虽然他们很让人恼火（明明看起来都是讲道理的人，却选择去给高冲突人格者当"爪牙"），但还是要用EAR表达法和他们建立起情感联系。之后，你就可以多提供一些信息，帮他们把情况剖析清楚，让他们认清自己在其中所起的作用。如果他们有不明白的地方（他们通常不明白自己怎么就被引上道了），就给他们解释清楚。如果他们和高冲突人格者沆瀣一气后，出现了任何激进的行为，要给他们设定好限制。

当然，如果你了解了关于（高冲突人格者）同伙的这些情况，即使有人唆使你和他们狼狈为奸，也没法让你上钩。

市场副总裁的同伙

伊丽莎白在一家大型服装公司担任市场部副总裁一职。她在公司野心勃勃，一路往上爬，想在40岁前成为公司的一把手。她最大的成就之一就是把劲敌的首席设计师挖到了自己手下。

伊丽莎白对这位名叫艾希莉的设计师说，她有信心让艾希莉新设计的产品线打入墨西哥和南美市场，把公司的业务拓展到那边，创造更多的收入。她让艾希莉了解一下墨西哥和南美市场的服装设计风格，看看应该如何与之竞争。

但很快艾希莉就发现，那些地方的市场已经很成熟了，她们没什么机会找到突破口。当地的服装公司都经营得有声有色，不断扩大的中产阶级女性群体对本地品牌的忠诚度也很高。但伊丽莎白却一点都听不进去，她要求艾希莉改进产品，直面墨西哥和南美市场的挑战。"你是这个行业里的老大，我相信你的设计一定能打败当地品牌。这也是我把你请来的原因。这么点竞争，你不会就怕了吧？你是站在我这边，还是要和我作对？"

艾希莉尽了最大努力改进设计，但她不愿意在目标市场和全国性的时尚媒体推广她们的方案。媒体都知道伊丽莎白并没有设计方面的真才实干，只是在时尚圈里意图上位的野心家，自然都对她抱着怀疑态度。但媒体都很欣赏艾希莉，专心聆听她介绍新的产品线和在当地的推广计划，并为她鼓劲、送上祝福。

但遗憾的是，没多久，伊丽莎白的计划就遭遇了滑铁卢。而公司在这项新计划上投入了一大笔人力、财力。特别是艾希莉的介绍打动了高管，她的话在大家心中始终更有分量，这一点伊丽莎白没法和她比。

到了年底，伊丽莎白被公司革职，艾希莉也辞职，去了其他服装公司。但她花了很长时间才挽回自己在名誉上的损失。而这个损失就是因为她推广伊丽莎白的方案造成的，虽然她并不赞同那个方案，但还是抵挡不住伊丽莎白的攻势，勉强上阵。此事后，她和伊丽莎白形同陌路。

评论：艾希莉当了一回伊丽莎白的同伙，她深受伊丽莎白情绪的影响，而把自己的疑虑放到了一边。令人唏嘘的是，尽管她的声誉好过伊丽莎白，但她还是说服自己接受并认可了伊丽莎白的方案。伊丽莎白为了激励她，也是软硬兼施，一方面对她大加赞扬，另一方面又严厉批评她的举棋不定——当然还添加了她对成功的各种美好的描绘。伊丽莎白还说，艾希莉在公司的前途取决于这个项目，所以得站在她那边。如果艾希莉不支持她，那就是在和她唱反调。忠诚是个强有力的工具，可以把同伙引上钩。

伊丽莎白是否有高冲突人格？

有这种可能。伊丽莎白的情绪激烈、极端，她也知道如何运用自己的情绪去达到目的。她还指责那些和她意见相左的人。这些因素放到一起就很容易招来同伙。性格随和温顺的人很容易上钩，他们可以支持那些心底并不赞同的项目或观点。这好像就发生在了艾希莉身上。如果艾希莉事先对高冲突人格者和其同伙的情况有所了解，有可能就不会牵扯其中了。

艾希莉是同伙吗？

艾希莉好像真的当了一次伊丽莎白的同伙，帮她推行她的计划。因为是艾希莉说服了公司高层支持她们的方案。尽管自己对伊丽莎白方案保持怀疑态度，她也还是征服了时尚媒体和公司高管，让他们相信这套方案行得通。

在很多方面，高冲突人格者的同伙都很像"酒友"或"毒友"。他们上了高冲突人格者的当，会勉强自己为他们做一些苦差事，却没落得什么好下场。但情绪的力量是难以抗拒的，而高冲突人格者就拥有强大的情绪力量。所以大家要认清这一点，不要在工作中或其他地方成了高冲突人格者的同伙。

"钩住"同伙

自恋型高冲突人格者

自恋型高冲突人格者是靠他们的权威和自以为是"钩住"同伙的。他们总是把精力放在指责别人上，经常把身边的人划分成两类，有利用价值的和没有利用价值的。那些有可能成为他们同伙的人经常会担心惹他们不高兴，前面讲到的艾希莉和伊丽莎白之间就有很多这样的情况发生。如果这类人是你的老板或上级，你就更得小心了。真的遇到了这么棘手的情况，我们强烈建议去找"员工帮助计划"的人咨询。

下面就是避免成为自恋型高冲突人格者的同伙的一些办法。

· 认清他们总是会找个"指责对象"的事实。他们的指责对象不是这个同事就是那个同事，不要助纣为虐去妖魔化那个"指责对象"

· 提出一些其他的方案，帮他们意识到还有别的办法存在，而且可能是对他们最有利的。要记住，自恋型的高冲突人格者通常不在乎事情对别人的影响，他们只在乎对自己或那些他们想讨好的上级的影响。因此，你和他们交流的重心一定要是什么能够使他们受益以及为什么他们能够受益

· 对他们一定要毕恭毕敬（千万不要让他们误会你要挑战他们的权威），但要找个看似合理的理由向他们解释你为什么不能做某事，或者给他们提供一个替代方案，相较于依照他们的指示行事，这个方

案产生的负面影响能小一些。你一定要体现出你的办法是为了他们的利益着想的

自恋型高冲突人格者案例

埃里克被叫到了经理办公室。他的经理特德大发雷霆，因为一个供应商没能按时完成订单，特德恨不得把这个供应商"挤兑死"。但埃里克和这个叫史蒂夫的供应商合作了多年，知道史蒂夫是一个诚实、可靠、有能力的人。

但特德不想听任何关于订单推迟的解释，一门心思要警告史蒂夫，让史蒂夫知道他是不会原谅史蒂夫这么差劲的表现的。特德指示埃里克取消和史蒂夫的公司接下来的所有订单，找一家更有实力的公司取代他们。

埃里克对公司的外部供应商了如指掌，他知道没有其他供应商能有类似的资源或业务能力去接手后面的项目，现在换供应商只会给公司带来更大的问题。

特德说："我想让你把他们起码晾个半年，让他们尝尝兜里没钱是什么滋味。"

埃里克说："我知道他们这次推迟订单太过分了，史蒂夫也非常清楚这给咱们惹出的麻烦有多大。但我和史蒂夫琢磨出了一套备用方案，可以确保咱们接下来的原材料供应能充足稳定，避免这样的事情再发生。"

特德说："都到这时候了，做这么点事就想将功补过，没门

儿。他没戏了。"

埃里克说："当然，这里是你做主，你生气、发火都是理所当然的。这些项目就应该按照咱们的时间表准时完工。但如果现在换供应商，恐怕是'刚出油锅，又入火坑'。咱们合作过的其他供应商，之前给咱们做的都是边边角角的工作，我们不知道他们是不是有能力接手这个大项目。我可以去调研一下，看看他们以前的项目经验，但那得花些时间。"

特德说："我是气糊涂了，还是别这么麻烦了。"

埃里克说："那样的确是太麻烦了。要不要我研究一下供应商，找两个最佳的选择，拿他们的数据给你看？你来挑一个，然后下个季度咱们给他们一个中等规模的项目做，考量一下他们的能力。同时，我们还是让史蒂夫继续做下个阶段的项目。我会告诉他，你对他们公司的表现很不满意，为了确保服务质量，我们正在引入并且会测试其他的承包商。这就给史蒂夫发出了明确的信号，会让他如履薄冰。如果新的承包商能完成咱们的测试项目，我们就按照你的指示把现在的项目分一部分给他们做；如果他们完不成，我们也不会把整个项目都搭上。你的想法很明智，我们的确不能把赌注押在一个承包商身上，应该多找几家了解咱们做事方法的承包商，以供我们选择。"

特德说："那给史蒂夫的警告可一定要态度强硬。就照你说的办吧。"

埃里克说："没问题！我马上就行动，随时向你汇报。"

评论：在这个案例中，埃里克没有把时间浪费在维护史蒂夫上，没替他解释延期的迫不得已。但他的确提到了他和史蒂夫研究出了一套备用方案来确保原材料供应能够持续稳定，可这个并不足以平息特德的怒火。埃里克认识到，特德是在情绪失控下做出的指示，如果他照办的话就成了特德的同伙，会给公司带来灭顶之灾。

所以他并没有那样做，而是先通过EAR表达法（"当然，这里是你做主，你生气、发火都是理所当然的"）和特德建立起情感联系。接着，帮特德分析解决办法，他提出的解决方案能让特德感受到是向着他的。接着通过警告史蒂夫他们会引入另一家供应商，埃里克又设定了限制，而且也保住了整个项目，因为只是给新供应商一些小活儿来测试一下。这个办法既可以让特德显示出他的权威，又可以宣泄他的不满，还不会给公司带来危害。而且埃里克还能保住他和史蒂夫的合作关系，确保以后的项目都能按时完成。

这个案例描述的情况每天都真实地发生在美国企业里。虽然自恋型人格者在公司里往上爬时很有一手，但他们宣示权威和发泄愤恨的方式往往让人很难接受。和这些人打交道，要想避免处于不利境地或成为他们的同伙，你得明确让他们感受到什么对他们是有利的，而且想出的办法也是能把他们的负面影响降到最低的。

愤怒型（边缘型）高冲突人格者

这类人"钩住"同伙用的是激烈的情绪和把自己扮成受害者的方式。他们经常会制造出引人注意的场面，需要同伙来解救和帮助。这类人只能从自己的角度看问题，极端的思维倾向使得他们往往对事情妄下定论，不由分说就给别人贴上好或坏的标签。他们特别害怕被抛弃，会不由自主地盯着自己和别人的关系，看到底是远了还是近了。并且他们的反应敏感而强烈。他们的这一套很容易就能"钩住"同伙。

下面这些方法可以让你避免成为愤怒（边缘）型高冲突人格者的同伙。

· 在行动之前先搞清楚状况，把信息搜集全并加以验证

· 运用EAR表达法，特别是要有同理心。但要小心，不要让他们误会他们抱怨什么你都照单全收，而是要让对方觉得你在情感上和他们是相通的

· 帮这类人找到一个中立的角度去思考问题，不要支持他们极端化的思维方式

· 问问你自己"我是不是被控制了？"或者"这是不是非常情绪化？"

· 在表示情感认同的同时，也要给自己设定好界限，不要深陷其中

愤怒型（边缘型）高冲突人格者案例

埃伦说："我们得去人力资源部投诉兰迪，就算他是我们的主管，也没权力调我们的班。他偏心，我们不能让他这么做。得去投诉他！"

玛丽说："我知道你为这个事很生气。你的生活节奏本来安排得好好的，被他这么一弄全都乱了。我明白这可给你找了大麻烦。"

埃伦说："那你就是会和我一起去人力资源部投诉了？"

玛丽说："我还是不去了。我觉得兰迪已经和大家说得很清楚了，这是交叉培训的需要。我们调去另一个班一周，以后如果有需要，就可以'替班'了。调班只是为了这个培训。如果你哪些时间不方便，可以去找兰迪商量，我觉得他会乐意和你一起想办法的。"

埃伦说："为了这么个破流程，他有什么权力把我们的生活搞得天翻地覆！"

玛丽说："三个月前他跟我们说时，就解释了为什么管理层想解决替班的事。我知道你不觉得交叉培训有多重要，但他是咱们的主管，按规定，是有权开展这个培训的。"

埃伦说："你为什么维护他啊？你不是说过他总是搞办公室政治吗？"

玛丽说："我是觉得他以前搞办公室政治，但现在这事他有他的道理。我觉得去人力资源部之前你可以找他先谈谈，这样效果更好。"

埃伦说："我想人力资源部应该叫他靠边站！"

玛丽说："贾内尔·埃伦，我是关心你啊，希望你能好好想想我说的。人力资源部我就不去了。我知道换班对你来说有多难。你多保重，我得回到我的座位上了。中午吃饭时见。"

评论：在这个案例中，玛丽在表达对埃伦的同情，和她建立情感联系时，坚守住了自己的立场，也给埃伦设定了限制。玛丽帮助埃伦分析解决办法，建议她去人力资源部前先找主管谈。埃伦想把玛丽也拖下水，就揪出了兰迪搞"办公室政治"的事。玛丽承认了这事，但没有被埃伦极端的思维方式带走，又把她拉回了正题。请注意，玛丽还约了（午饭）时间和埃伦再见面，这就会让埃伦认为，即使玛丽给她设定了限制，也并没有不管她的意思。

欺骗型（反社会型）高冲突人格者

这类人是用谎言和诡计"钩住"同伙的。隐藏在他们的魅力和同事情谊之下的是他们强大的控制欲。他们中的有些人会表现出反社会的特点。他们没有同理心、愧疚感，做决定时冷酷无情。还有些人具备这种人格障碍的所有特征，很有危险性。

下面这些方法可以让你避免成为欺骗（反社会）型高冲突人格者的同伙。

· 如果你怀疑自己被别人控制了，或者有人指出你被别人控制了，你一定要好好反思一下

· 去找"员工帮助计划"的咨询师，让他们帮助你分析情况、找出办法

· 警惕，别让自己变得越来越容易妥协。反社会型高冲突人格者有时试图让周围的人都听他们的（比如让人去做违法的勾当，像盗取

自己公司的产品这种），成为他们的同谋。你要是妥协了，从此很容易就对他们言听计从了

·相信你的直觉。当出现被人控制的征兆、开始牺牲你的道德标准和诚信做出让步的那一刻，你就要站出来寻求帮助。很多这类型欺凌者的同伙都承认，他们就是等了太久、陷得太深后才去寻求帮助。这些同伙往往后知后觉，发现自己被欺负了或被骗越了界——即使直觉曾经告诉他们不要那么做。所以要重视你的直觉，感觉有问题了就要好好查一查

·对于那些反社会型欺凌者告诉你的话，一定记得要想想有没有其他可能性。他们这类人说话总是信誓旦旦，故事都是讲得有头有尾，解释也都是天衣无缝。但是，如果你把他们所说的话拆开来想一想，可能就会发现故事里的"破绽"。所以一定不能把这类人的话都信以为真，要多留意细节

多疑型（偏执型）高冲突人格者

这类人是用他们的担心和猜疑来"钩住"同伙的。还记得我们第一章讲的连续谱吗？他们中的有些人是有偏执特点的，会无来由地怀疑别人利用或欺骗他们。但这些人你是可以和他们共事的。而在连续谱的最外端的，是有人格障碍的人，他们带来的麻烦可要大得多。《精神障碍诊断与统计手册（第五版）》认为有这类人格障碍的人总是心怀怨恨，从善意的话语中也能解读出恶意。他们沉浸在对别人的无端猜忌中，会怀疑同事是否忠诚于他们，也不愿向他

人吐露心声。此外，他们还会臆想自己的名誉受到了攻击，但其实旁人并不觉得有这样的事发生。

下面这些方法可以让你避免成为他们的同伙。

·如果你认为和你共事的这个人在多种情况下均表现出了对他人的高度不信任和怀疑，让你觉得很不舒服，那就通过"员工帮助计划"寻求帮助

·当心不要转述那些流言蜚语，那样只会助长这一类型的人对别人的不信任和怀疑

·如果发现偏执型高冲突人格者挑中了一个人当他（她）的指责对象，你就应立即去找你们的人力资源部。不要低估这其中潜在的暴力风险

·着眼于现实，帮这些人分析出路，选择解决或应对办法

·要记住这种类型的人总爱夸大他们的恐惧。因此要特别强调规章、流程中的"安全"因素

·你要向他们指出某些措施或约束是规章流程所必须要求的，不是你个人针对他们的

·你和他们接触时，要冷静、就事论事，多给他们一些情绪上的宽慰，但不要认同他们所说所讲的内容

我们要记住的是，这一类型的人在连续谱中覆盖了很大的范围。很多人被上级"伤过"，所以对管理者抱着消极的态度，不信任他们。这些人在工作场合一般不会带来多大的威胁。但在连续谱最外端的人却不然，如果他们的情况严重了，或者总揪着一个问题

不放，那么他们带来的威胁是很大的。

因此要好好利用公司的资源，找人力资源部或"员工帮助计划"寻求帮助。

戏精型（表演型）高冲突人格者

这一类型的人是靠他们的表演和大事不妙的劲头来"钩住"同伙的。他们会用激烈的情绪和扮成受害者的方式去吸引人们的注意。他们最大的问题是无法控制自己的情绪，这在很多情形中都能看到。随之而来的经常是一种无助感，所以他们总是要找人为他们出头。千万要小心！

下面这些方法可以让你避免成为他们的同伙。

· 遇到和这类人相关的事情，不要急着做出反应。要看透他们表演的实质，对情况进行分析。也许你会感到一种巨大的压力逼着你立即做出回应，但你得为自己着想，还是要先把问题想清楚了

· 遇到问题时，你可以帮这类人出谋划策，但不要替他们去解决。他们的目的是想让你去救场、替他们解决问题。但你要保持冷静，要做那个在场边给他们指导的人

· 认清自己的情绪。你自己是不是很激动？是不是想赶快冲过去把问题解决掉？你要意识到自己的情绪和行动之间的关联。表演型高冲突人格者就是要煽动你去为他们做事。你要是冷静地分析一下情况，就会发现这是他们事先设计好的，可能对你什么好处都没有。在没有仔细看清情况前，不要盲目应战

回避型人格

第八章我们讲到过回避型人格在冲突中所起的作用，但他们本身并不是冲突的制造者。他们只是放任冲突在他们周围产生、升级。尤其是当这种人做了经理，他们对高冲突行为都是退避三舍的。但他们由于内心脆弱，总是一副受害者、可怜兮兮的样子，又没有主心骨，反倒能"钩住"同伙。

他们的同伙往往对他们有一种"相依为命"的依赖。这里说的"相依为命"是什么意思呢？是指他们的同伙会觉得自己有义务去帮助他们，把问题扛到自己身上并帮他们解决。这并不是只针对回避型人格者遇到的某一个问题，而是指他们遇到的所有问题。这种"相依为命"的感觉会逐渐催生出一种行为模式：同伙会不断地救他们于水深火热之中。

下面这些方法可以让你避免成为他们的同伙。

· 你要意识到自己因为这种"相依为命"的感觉都做了什么，在适当的时候要去咨询一下，在别人的帮助下找回自己的定力，不要被那种感觉吞噬，忙着去"救人"

· 给回避型人格者力量，让他们自己去行动，而不要凡事都是你抢在前面

· 为他们设身处地地着想、关心他们、尊重他们，但不要认同他们所说所讲的内容

· 帮他们把问题分解成容易处理的小点，鼓励他们去分析这些小

点从而找到解决办法。从旁边给他们鼓励和支持，但要让他们找到自己内心的力量

团队的分化

20世纪80年代，本书的两位作者曾一起就职于一家知名的精神病院。不时地，医生就会把病人收治到我们科室，然后告诉大家这个人被诊断为人格障碍，比如边缘型人格障碍。而过不了几天，科室的医护人员之间就会产生矛盾，也就是我们被"分化"了。高冲突人格者会把这个医护人员当成"好人"，而把另外的人当成"坏人"，医护人员也被他们的判断影响了。

边缘型高冲突人格者会把某一名医护人员"钩住"，让其做他或她的拥护者，从而让冲突升级扩散。哪怕是对于一份诊断报告，医护人员也常常被高冲突人格者所左右。分化的一边是那些成了人格障碍患者同伙的医护人员（他们提出我们应该顺着患者的意，给他们全力的支持），而另一边的人对这些同伙是怒其不争，坚持认为要对患者有约束，不能"惯着"他们。到后来，医护人员就会变得很痛苦，生对方的气，直到大家意识到我们都被患者分化了。随后大家又会把两方面的治疗意见整合到一起，支持和约束双管齐下，改善患者的行为。

有团队合作的地方一旦出现了高冲突人格者，就会发生上述情

况。"团队"很容易被分化，之后大家会意识到自己是被高冲突人格者极端的思维方式所影响了，就会尽量避免彼此之间再产生不愉快，并且一起支持和约束高冲突人格者。而CARS方法的各步骤之间是环环相扣的，可以避免上述情况发生：在运用EAR表达法建立情感联系后，高冲突人格者会认为是有人帮他们的，在应对他们的误解和给他们设定界限时，又会反过来考验他们、迫使他们去分析解决办法。

成为一名正面的支持者

讲到这里我们有必要说明一下，高冲突人格者想要做的事情不全是和控制他人有关，他们的问题或困境也并不都是一无是处。在他们解决自己的问题时，也时不时地需要有人去帮助他们，做他们正面的支持者。这些支持者可以来自公司内部，如"员工帮助计划"或人力资源部的同事，也可以是来自公司外部，比如咨询师、律师或其他专业人士。要做一名正面的支持者，我们建议记住下面这些原则：

· 不要凭空假设，要先调查情况，从外界获取信息
· 不要把高冲突人格者的行为或问题都扛在自己肩上
· 你要做的是帮助他们解决他们的问题，不要把这些问题当成了自己的问题，你只是起辅助作用

·不要指望去改变高冲突人格者的自我，或是把他们从自我中"解救"出来

·解释规章制度以及将来可能带来的后果

·让高冲突人格者去感受他们的行为在现实生活中产生的后果，不要从中干预

·建议高冲突人格者去找能帮到他们的专业人士

要记住，患有人格障碍的高冲突人格者是在连续谱的最外端。他们表现出的是一种"持久的模式"，这种模式"不易改变，广泛地出现在个人和社会情境中……这种持久的模式导致在临床上产生巨大的痛苦，或是在社会、职业或其他重要领域的功能障碍。"（《精神障碍诊断与统计手册（第五版）》）

基于上面所述，患有人格障碍的高冲突人格者如果情况恶化，他们在工作中带来的问题就更加难以控制。但要注意的是，不要被他们或是他们的同伙"钩住"。本书提供了一套很有效的方法，即CARS方法，可以帮你稳定住这些让人头疼的高冲突人格者，又避免自己被他们"钩住"。

结语

本章加强了RAD方法的应用，这个方法我们在第一章已经讲过：

· 识别一个人是否有可能具有高冲突人格

· 调整你的方法

· 用CARS方法做出回应

其中最难的恐怕是识别一个人是否有可能具有高冲突人格。看到别人身处困境，我们自然而然都想要帮忙。而对于高冲突人格者，我们得小心不要帮得太多，或是帮了倒忙。

通过这章讲的各种征兆，你可以避免被高冲突人格者"钩住"，变成他们的同伙。一旦发现他们想要拉你入伙，你就要相应地调整应对方式。CARS为你提供了一套方法去限制住他们，使你免于被他们操控。

你还可以用CARS方法辅助你稳住他们的同伙。在这个过程中最重要的一个环节就是把你想要和不想要的结果限制清楚。如果高冲突人格者的同伙没有什么机会去散播他们的不满和把戏，我们就可以大大减少他们给职场带来的危害。

第十一章

企业面临的挑战

在当今职场上，企业面临的挑战比比皆是。多元化问题、责任问题、薪酬问题、技术问题等，这是一份长长的清单，其内容还在不断增加。适者生存，改变是必需的，也是难于把握的。

在求变的压力之下，某些原本正常的人会出现高冲突人格的特征，而那些患有人格障碍的高冲突人格者情况会更加恶化。但不管怎样，你都可以用同样的方法去应对他们。我们应该预料到的是，高冲突人格者在改变的过程中更难把握住方向。改变的第一步就是要舍弃，舍弃常规和轻车熟路的工作。企业会执行新的规章制度，那些大家习以为常的流程也会因此而改变。工作地点、时间安排以及同事都有可能发生翻天覆地的变化。这些变化会带来压力，不论是个体还是团队，都不得不从他们的舒适区走出来。

大部分人都能成功地完成转变过程。他们会适应新的改变，将之纳入自己的舒适区。如果发现难以接受改变，他们也会自己想办法去解决。但高冲突人格者则不然，他们往往容易困在原地。

高冲突人格者与改变

高冲突人格者会认为改变是针对他们的，拒绝做出必要的调整去适应改变。他们过不了"舍弃"这关，会深感自己孤立无援。这源于跟随他们一生的内在恐惧和不安全感。改变会引发他们的核心问题，比如觉得自己被抛弃了。

很多高冲突人格者在改变的过程中会感受到巨大的痛苦，以致产生生理疾病和情绪问题。改变过程中的"过渡区"会引起高冲突人格者发病或病情恶化。"过渡区"指的是什么呢？下面我们就来解释一下。

想象三个套在一起的圆圈，最里面的一圈就是我们的舒适区，有我们熟悉的一切，有我们形成的各种惯例和习以为常的事情。我们在那里有满满的自信和充足的安全感。但很多人在舒适区待久了就会觉得无聊，想要找些新的挑战和机会。不过，在舒适区做事，我们始终会觉得得心应手、安全感十足。

三个圈中最外面的一圈代表的是成就区。那里充满了刺激和回报的诱惑，大部分人会感受到巨大的成就感，体验到刺激和挑战，虽说有时也会经历紧张不安，却一直都是兴致盎然的。

不过，通往成就区的路只有一条，必须穿过中间的"过渡区"。过渡区是一个布满恐惧的地带。在过渡区我们对自己没有把握，也没有任何的惯例和常规可循。

在过去几年的讲座中，只要我们让听众给出几个形容词去描绘过渡区，他们说出的词99%都是贬义的。恐惧是过渡区最常见的元素，因为在过渡区人们不确定自己能否成功。在这个阶段最多的感受就是自我怀疑和焦虑。但如果人们试着去调整和适应，便能找到如释重负的感觉并且重拾自信。之后他们就会渐渐驶入到成就区，在那里有更多的安全感和成就感等着他们。

但不幸的是，高冲突人格者经常陷在过渡区。一旦恐惧和焦虑被触发，"右脑防御机制"就会启动，而左脑解决问题、理智分析的逻辑思维通通都会跑掉。这些人会失了方寸，越来越不知道如何是好。在管理者或上级想要推行一项复杂的企业变革，在他们最焦头烂额的时候，高冲突人格者常常会出现上述问题。

你该怎么办

面对一项复杂的工作时，我们自然而然地会把关注点放在那些为了达成目标非做不可的事情上。虽然大部分管理者都知道，和员工沟通、提供准确及时的信息是很重要的，但实际上他们往往在提供了一些最基本的信息后就撒手不管了。而高冲突人格者是需要更多交流的，因为他们自卑、偏执，会觉得自己被抛弃、被控制、被忽略，而这些感觉在过渡区的时候统统都会发酵。当他们经历"危机"时，脑海中的高冲突想法会占据主导位置，那些潜意识里的恐惧会释放出来。我们在第一章讲过，性格导致他们对很多事情的看法是扭曲的，所以他们常常会错误地预估危险。他们往往会认为那些他们害怕的事会危及他们的生命，所以要为此拼个鱼死网破，谁也阻拦不了（攻击性的防御行为）。

管理者要花更多时间在高冲突人格者身上，要运用CARS方法，站在他们的角度想问题，给予他们高度的关注和尊重，和他们建立起情感联系。这有助于让他们的右脑放下戒备，重启左脑来解决问题。管理者要使用前馈的表达方式，可以帮助他们分析在新环境下的处境，或者帮他们参谋、规划一下出路。

看到这里，读者可能会说"这么麻烦干什么？不管他们的感受如何，改变总是要来的啊"，但对于管理者来说，他们是有必要让这些具有高冲突人格的员工也参与到改变中来的，不仅是为了这些人好，也是为了所有人好。因为一旦这些人"套"来了和他们"同仇敌忾"的同伙，这出"戏码和危机"就会愈演愈烈。人都是容易感到恐惧的，高冲突人格者尤其如此，他们有着夸大恐惧、让别人信以为真的本事。

管理者需要尽快纠正误解（用BIFF回应），提供准确的信息；要多给团队开开会，多碰碰头（大家站着一起聊一会儿），让员工知道那些他们担心的问题领导都是看在眼里的。管理者需要定期和高冲突人格者单独谈话，帮助他们应对变化。不用谈很久，只是问一问他们的情况，表现出同理心、关注和尊重即可，这样能安抚他们，让他们觉得自己没有被抛弃。此外，如果公司有什么新动向，管理者也需和他们解释一下。

让结局有所改变

人们在职场中遇到的难题往往和职业的抉择相关。如果高冲突人格者满心都是恐惧，他们常常无法做出对自己有利的选择。这点值得我们注意。这听起来难以置信，却时常发生。此外，如果他们被恐惧吞噬的话，往往做出的决定对企业没什么好处。为了让结果能有所改变，管理者要关注到隐藏在他们恐惧之下的实质，这个实质我们之前已经讲过。

读到这里，读者可能又会说"等等，我又不是治疗师，也不是咨询师"。的确，最终高冲突人格者可能需要一位参与"员工帮助计划"的咨询师或其他咨询师，去帮助他们度过艰难的转变过程，后面我们就会讲到这点。但如果管理者或上级能掌握CARS方法，就能在出了问题后及时协助他们去解决问题，也使问题更容易被控制住、不再扩大。鉴于此，我们觉得很有必要学习和使用这种方法。

在往下讲之前还有一点要说明。管理者和上级同他人一样，也有他们的舒适区。大部分管理人员已经工作了很长时间，形成了自己的做事方式，采用像CARS这样的新方法需要他们走出自己的舒适区，先于别人穿越过渡区，让自己适应和掌握这套方法。还记得我们是怎么描述过渡区的吗？过渡区布满恐惧。人的天性是不愿学习和使用新技能的，但管理者在职场的成长中就是要面对各种复杂的挑战，就需要有勇气咬牙走过过渡区，才能适应、掌握CARS方法。一旦过了这关，管理者就进入了成就区，会找到更加创新的方式用以解决问题。

终止运营

对任何工作群体来讲，最艰难的时刻就是部门或机构的重组，或是运营的终止。那时候人们因为离开了舒适区，要面对各种不确定，都会变得焦虑、易怒。

格奥尔基多年前是一位 "员工帮助计划"的咨询师，他曾帮助一家大型机构处理过倒闭问题。这个机构被他们在美国东海岸的分部取代了。他们的管理层费尽心思想出了一套全面的倒闭方案。从商业角度出发，他们计划在18个月后终止运营，会给那些工作到最后一刻的员工发一笔奖金。

这家机构聘请格奥尔基所在公司的咨询师协助他们安排员工的出路。他们办学习班，教员工如何写简历、应对压力、准备面试，目的是帮助员工安然挺过这个艰难的过渡期。下面就是格奥尔基对这段经历的描述：

这段日子给我留下的最深印象就是大家迥异的反应。一些员工对我们的服务和提供的方式方法表示欢迎，他们通过"员工帮助计划"的辅导探索自己的出路。但有些员工对此持否定态度，拒绝面对现实，也不接受我们的服务。还有些人对这种不确定很焦虑，随便找了份工作就辞职了。

有高冲突人格的员工尤其难办。这种不确定给他们带来了巨大恐慌，他们最大的问题就是不能客观地判断自己的出路。而问题的本质来自他们恐惧的核心——觉得自己被抛弃、自卑、怕被利用、怕被忽略或遗忘、怕无能为力、怕自己没选对——结果他们就困在了原地。

高冲突人格者会表现出极端的情绪、想法、行为，所以他们能被轻而易举地认出来也就不足为怪了。比如，他们会表现出很极端的想法，在没有真凭实据的情况下就妄下定论；他们常常把管理者一刀切地分为"好人"和"坏人"，等等。

经过反复试验，我们很确定，这些人是需要更多定期接触的。他们的内心充满了恐惧，满脑子都是最坏的打算，几乎没法立足于现实去分析自己的出路。我们首先需要给予他们高度的情感认同和支持，之后和他们分析出路才能更有成效，我们也需要花大量时间帮助他们澄清误解。随着他们逐渐冷静，开始适应工作上的变化，我们就能看到他们的想法变得更灵活了，控制情绪和行为的能力也增强了。

我从这个经历中学到的一点是，虽然我本能地想把精力放在占公司人数80%~90%的一般员工上，但那些有高冲突人格的员工需要更多的接触和帮助，才能顺利走过这段变化。

重组

我们之前提到过，任何形式的变化对于高冲突人格者而言都有可能是毁灭性的。企业的重组可能会给他们带来格外大的压力和疑惑，因为重组既有相似又有差异，这就让他们更不知如何是好了。我们的同事希瑟分享了下面这个案例。

希瑟负责过一个医院的进食障碍治疗项目，她说这个项目的重组是她职业生涯里遇到的最难的事。她接管这个项目的时候，沿用了以前的组织结构。希瑟说她很早就发现了这个组织结构的效率不是最高的，但当时的经济环境还不错，她也就没做什么调整。

但之后，大萧条来了，经济受到了打击，她的项目遭受重创，病人数量大幅下降。在花了几周的时间分析后，她不得不面对现实。如果她不对组织结构做出大幅调整，无疑会面临关门的风险。希瑟说："大幅调整可谓苦不堪言。"考虑到经济状况和一些实际因素，她的决定是：管理层和行政人员保持全职，社区和外展服务人员将会调整为兼职。

之后她又多方咨询了她们的人力资源部和外部的法律顾问，用了大约18周的时间施行重组方案。基于过往的经验，她知道沟通很重要，一定要定期地给大家通报信息，所以她尽可能保持信息的公开与流动。

很快，一个问题就浮出水面。很多外展员工的父母都酗酒。《这不可能发生在我身上》一书的作者克劳迪娅·布莱克（同时也是戒毒专家）在她的这部成名作中说，在酗酒的家庭环境里成长的孩子逃不出三大功能失调定律：不说，不信，没感觉。

因此，随着重组计划向前推进，有几名员工开始有了高冲突人格的表现。他们担心被抛弃，也害怕改变。尽管改变涉及的是同工种的所有人，但他们还是认为那是针对他们的。他们质疑整个流程，也不愿说出自己的感受。希瑟约他们单独谈话，想帮助他们找找办法，也告诉他们公司有"员工帮助计划"可以提供支持。但他们满脑子都是不切实际的想法，对希瑟说："你那么聪明，知道咱们这儿是怎么运作的，一定能找到法子让一切回到老样子。"

希瑟最终完成了重组。机构里，有些人离职了，有些人的工作时长缩短了，还来了新的兼职员工。最重要的是，整个项目保住了，他们不用关门了。这段经历让希瑟学到的是，如果压力足够大，或是核心问题被触动，普通员工也会有高冲突人格的表现。一旦员工落入高冲突人格地带，就需要与他们进行深度的EAR接触（情感认同、关注、尊重），等他们情况好转后才能进入到下个阶段，用CARS方法帮助他们分析、找出解决办法。

希瑟从中学到的最后一点就是，如果必须要进行艰难的重组或要终止运营，你得把自己照顾好。你也会出现依赖的问题，会发现自己也有了"不切实际的想法"，也不愿面对现实、逃避问题。企业越小，大家关系越近，你就会越痛苦。遗憾的是，没有人会说："你想得真是太周到了！谢谢你把我的工作时间缩短了！"

我们有时不得不去做一些艰难、痛苦的决定，没有什么其他办法。等尘埃落定后，大家会记得你是怎么善待他们的，企业也会变得越来越好。

解雇员工

人力资源经理常常要培训主管，教他们如何在必要的时候请业绩不好的员工离开。埃米莉就是一名人力资源经理，她接触的主管巴里是个冷漠的人，时常表现出高冲突人格的特征：

在处理完烦琐的解雇流程后，巴里对离职的员工没有丝毫同情，下面这句话精确地表现出了他冷漠的态度："别磨蹭了，再不走门都快撞上你了。"

埃米莉约了巴里，想谈谈他的态度问题。虽然能对巴里的沮丧感同身受，但埃米莉知道巴里的处理方式是一定要改的。她教巴里用EAR方法去表达他的感同身受。她还指出，如果只是假装关心员工的话，一定起不到什么好作用。因为大多数人老远就能看出你是不是真心诚意的，高冲突人格者对此尤为敏感。

埃米莉还强调，解雇过程中和解雇后的这段连续、过渡时间是很关键的时期，如果处理好了，可以减少职场暴力的发生。值得肯定的是，巴里明白了解雇一事是关乎职场安全的，也明白了如果在解雇过程中能给予员工足够的尊重，就会大大降低他们在公司闹事的几率。

巴里发现自己善于给员工安排离职的具体事务。他会把重点放在很切实的问题上，想办法让员工在收拾个人物品时很体面，又不惊动到别人。他确认员工的最新地址，确保他们离开公司后还能及时收到信件。他会查看离职员工之前的项目进展情况，监督员工完成工作交接，也会肯定他们的努力工作。他发现自己也说得出这样的话了："我知道这对你来说很难，但我希望你以后一切顺利。"

巴里处理方式的转变不声不响，但结果却显而易见。他的行为让解雇过程有了人情味，减少了职场上的不安全因素。

通过其他方法建立情感联系

本书的两位作者均认为，在和高冲突人格者建立情感联系方面，EAR表达法是一种效果最佳的方法。但也有一些方法值得借鉴，可以为管理者提供必要的辅助。在肯·布兰查广受好评的著作《一分钟经理人》中，他提到"一分钟表扬、一分钟批评、一分钟设定目标"的方法。

高冲突人格者是不太能接受负面意见的，但如果你必须要和他们谈过去的情况并且将情况记录在案，一分钟批评法或许能帮你达成目的。之后，我们建议再跟着使用前馈方法谈谈他们以后该怎么做。

一分钟设定目标法是一种非常好的前馈方法。它着眼于未来的行为和表现，可以具体、客观地去衡量目标。在和高冲突人格者讨论目标时，你可以问："好吧，那么你打算怎么去衡量这个目标有没有达到呢？"你要安排特定的时间和高冲突人格者一起检查他们的目标完成情况。这是一种极佳的方式，可以与他们保持联系，给他们带去渴望的关注与尊重。如果他们在完成某项任务时遇到了问题，你要在情感上认同他们，尽早协助他们解决问题。

一分钟表扬法可以给他们带去关注与尊重，也可以鼓励他们特定的行为和结果按照你的期望进行下去。我们认为，如果你表扬他们的点很具体，有助于推动他们灵活地思考问题、妥当地处事、很好地管理情绪。

布兰查的方法在世界各地大大小小的企业里屡试不爽。我们认为这套方法之所以这么成功，主要是因为其中的一种方法是具有前瞻性的（设定目标），一种方法能给予关注和尊重（表扬），最后一种方法（批评）可以把负面意见最小化。布兰查不愧为领导和管理领域的先锋人物。

在和高冲突人格者建立情感联系时，要记住的最重要的一点是真诚。多年前在精神病院工作时，我们有一位同事被派去给儿童性侵者做心理辅导。这位同事最近和我们讲述了下面的这段经历：

我记得自己当时非常焦虑，唾弃这个人的所作所为。我不确定自己能不能帮到他，就去找了主管谈。主管让我讲讲他的过去，看看有没有什么事情能让我对他产生同情，那种我真心觉得对他造成影响的事情。没一会儿，我就发现他小时候被性侵过，而且情况极其恶劣。在给他做心理辅导时，我把自己和那个小时候的他联系起来，产生了同理心，这样我辅导他的时候就能更全心全意，真正地帮助他。

关于建立情感联系，第二个要记住的重要问题是，你不是把对方的抱怨照单全收，而是表现出对这个人的情感认同、关注和尊重。EAR表达法可以让你把重点放在与高冲突人格者的关系上。但要注意的是，在大部分的关系中，我们会不断地向对方表示善意，偶尔也想对方能回馈我们。我们希望别人评价我们的时候能看到我们的"赛季平均分"（想想棒球比赛的评分），而我们评价别人的时候同样也想参考他们的"赛季平均分"。

但不幸的是，高冲突人格者不能自省，尤其是在"高冲突思维循环（见第一章）"中，当他们全神贯注地夸大危险时，就更没办法抽出功夫自省了。这就意味着，对于那些以前对他们很好的人，高冲突人格者通常无法基于他们之间的关系，理智地用逻辑推断出以后这些人也会同样地对他们好。所以每天对于他们来说都是"土拨鼠日"①。也许你和他们已经相处了很久，不断地给予他们关怀和

---

① "土拨鼠日"：英文为 Groundhog Day。每年的 2 月 2 日，是美国和加拿大的传统节日，预示着新的开始。相传这天土拨鼠从洞中出来，如果阴天，看不到自己的影子，就表示春天将提前报到；如果是晴天，能看到影子，它就会钻回洞里，就表示冬天还会再持续六个多星期。（译注）

尊重，但他们如果总是惶惶于夸大各种危险，你也就不要指望能得到他们的任何回报。当他们冷静下来用左脑思考、解决问题时，只会把你当个陌生人对待，好像以前从来没接触过你一样。

关于建立情感联系，最后要记住的一点是，与高冲突人格者沟通时，高科技手段不太好用。比起短信或邮件，你的表情、音调、身体语言在传递情感时具有更大的优势，能表现出更强烈地认同、关注和尊重。

员工评估

一年一度的员工评估是当今美国企业的立足之本。这种机制是企业用来判断是否给员工加薪的依据，也是企业传达对员工表现是否满意的方式。

理论上讲，员工评估应该是一个持续与员工交流的过程，最终落实在纸面上，形成评估报告。但遗憾的是，在很多企业，这种交流都不够频繁，员工经常抱怨他们摸不着头脑，不知道自己的表现达不达标。

高冲突人格者通常会使评估陷入困境。因为管理者知道同他们谈话会困难重重，所以不愿意找他们谈。由于缺乏沟通，高冲突人格者会对现实产生误解。最终管理者在和他们坐下来谈时，势必要对他们的表现做出评价。在本书的一开始我们就讲过，只要一谈到高冲突人格者过去的行为，他们就会戒备起来。所以管理者这样和他们谈的话，往往会流于形式，一无所获。最重要的是，这么谈下去情况不会有丝毫改善，反而会越变越糟。因为只要一涉及对他们的评价，他们就会筑起坚实的堡垒。

管理者一定要认识到，他们需要定期和高冲突人格者交流。交流的核心是前馈。管理者要和他们一起展望出未来想要的结果，而不是告诉他们不应该做什么。管理者需要让高冲突人格者参与到对结果的讨论中。

在付诸行动前，要和他们一起分析解决办法，你可以问"那你是怎么打算的？"这样的问题，这会大大帮助你达到预期的结果，减少冲突和误会。提前就给他们设定好限制，不要亡羊补牢，这也有助于取得最后的成功。这并不是要你在最后给他们做评估时不实事求是，而是通过和他们沟通并调整的这个过程，最后可以获得一个更符合公司要求的结果。

肯·布兰查的一分钟批评、一分钟设定目标、一分钟表扬法用在员工身上很奏效，因为这种方法并没有反复强调批评，而是把沟通的重点放在目标、前馈、鼓励和表扬上。而定期运用CARS方法和高冲突人格者交流是肯·布兰查提倡的沟通方式中的典范。给予员工高度的情感认同、关注和尊重，定期协助他们分析解决办法、制定实施计划和设定限制，这些做法合起来可以让高冲突人格者保持正常的状态，大幅减少他们给职场造成的冲击。为了让你们更好地理解这些点，我们来看下面这个案例。

对话

吉姆是一家IT私企的主管，他正在和斯科特面谈。斯科特在公司负责大客户的IT和编程需求。吉姆正在给斯科特做年度工作评估，他的大部分评估结果都令人满意，但吉姆发现，斯科特在发现和解决客户的IT问题方面还不够主动。客户反映，斯科特工作还是很出色的，但他们有问题的时候很难找到他。很明显，这指的是斯科特回电话不及时，也不着急处理客户的问题。

吉姆："斯科特，你也看到了，我们对你大部分的表现都很满意。"

斯科特："但我看这些评分并不太好啊。"

吉姆："斯科特，公司是很器重你的，我觉得你也能从这些评估中看出来。你特别可圈可点的地方就是能不断应用最新的技术改善公司的服务水平。"

斯科特："这是我分内的事。"

吉姆："你说的没错。接下来这个季度，我想把咱们的关注点放在客户服务上。"

斯科特："卡特集团也太难伺候了，他们就没有满意的时候，总想让我凡事都以他们为先。"

吉姆："这的确是够烦人的。"

斯科特："可不是吗！只要我没马上回复，他们就大呼小叫。"

吉姆："我觉得这是因为他们公司的运转都指着你呢，所以如果他们觉得你腾不出手来帮他们，就会很抓狂。"

斯科特："我能腾得出手，也总是能把问题给他们解决了。"

吉姆："所以，你的意思是他们的想法有问题。那你能想个办法打消他们的顾虑吗？"

斯科特："嗯，如果你觉得这事真的这么重要的话，我可以在上班时间随身带个手机。这样的话，起码我能立刻接到他们的电话，再跟他们约个时间去解决问题。"

吉姆："这主意太棒了！这样能减少他们的焦虑，让他们心里更踏实。就像你说的，问题根本就不是你不能为他们解决难题。我这就安排，这周内给你配部手机。你今天能给卡特的约翰·史密斯打个电话吗？告诉他们咱们已经制定好了流程，以后不管他们有什么问题，第一时间就能找到你，然后和你约时间去解决。"

斯科特："没问题。"

吉姆："咱们再约个时间，三十天后，来看看这个方法效果如何，看看卡特有没有觉得咱们的客户服务改善了。同时，你也再看看这里面是不是还牵扯到其他问题。"

斯科特："好的，就照你的意思办。"

评论：在这个案例中，吉姆使用了前馈的方式去处理员工欠佳的工作表现。他本可以把卡特的投诉一五一十地告诉吉姆，也可以和吉姆一起把投诉的始末了解得清清楚楚，毕竟卡特是他们重要的客户。但那样，可能会让吉姆的防御性变得越来越强，谈话的重点也没有放在解决问题上。

而吉姆把谈话的重点放在了以后如何和客户往来上，也认同了斯科特的感受，让斯科特自己主动想出一个可行的解决办法。在带电话的事情上，他给自己和斯科特都设定了时间限制。更重要的是，他还定了时间，和斯科特一起评估带手机这个办法的效果。他还让斯科特去关注一下服务中是否还牵扯到其他问题，体现出了他对斯科特的尊重和信任。

结语

在和高冲突人格者相处时，企业面临诸多挑战。大部分的企业里都会有几名这样的员工，所以有必要学习一些方法，建立一些规章，以便和他们更好地相处。

在高压的情况下，高冲突人格者很容易失了分寸，产生极端的行为。同样在高压情况下，一些本来正常的员工或管理者也会表现出高冲突人格的特征。而运用CARS方法，你可以帮助大部分高冲突人格者或情绪失控的正常员工，让他们冷静下来，更好地投入到工作中去。

第十二章

照顾好自己

关于照顾自己有这样一个基本悖论，即压力越大，我们对自己的关心就会越少。"我太忙了，没工夫散步。""桌上堆了一堆要做的事，我没办法和你一起吃午餐。""我现在根本就走不开，休不了假。"这样的例子比比皆是。通过它们，我们可以看到，在巨大的压力之下，人们很难以一个全面、长远的角度理智地看待自己的处境。所以下面这个方法，我们很有必要学习一下：压力增加多少，就把对自己的关照也相应地增加多少。

这个方法不难，但要让自己养成使用这个方法的习惯却很难。因为出于本能，人们会抵抗这个方法。可现实又摆在面前，要想保持清晰的头脑、饱满的热情、敏锐的思维，做起事来卓有成效，就必须先把自己照顾好。大部分的成年人都清楚自己需要多少睡眠和锻炼，应该吃什么，什么样的活动会让自己身心愉悦，什么事情是有意义的。我们有很多渠道可以获得最新的医疗保健信息。所以我们的问题并不是缺少这样的信息，而是我们无法对抗自己的本能，抓住管理压力的根本。

虽然美国很大一部分企业为防止员工过度疲劳，都加强了管理，但收效甚微。我们可以想想，一位赛马的主人无论如何也不会让其珍爱的赛马太过劳累，而会对其呵护备至，努力给这种娇贵的生物提供一个健康有益的生长环境。而人又是如何被对待的呢？这些年我们屡见不鲜的是，员工无法休假，行政人员每天工作12~14小时，管理层周末加班已成家常便饭，父母没法按时下班回家陪孩子吃饭。

当然，谁在工作中没遇到过紧急情况或突发问题呢，可当你的生活方式已经受到了影响，工作和生活的失衡已经成为常态，那就是真的有问题了。

经常和高冲突人格者打交道的人压力会特别大。对于那些"在刀尖上行走"的人来说，这是一个很消耗体力和精力的过程。如果一个主管喜怒无常，或者有一丁点不顺意就大发雷霆，即使是心态再稳再静的人，也会被他们搅得心神不安。在这种情况下，人的积极性就会被扼杀，变得浑浑噩噩，工作效率降低，有时还会出现抑郁的情况。

你该怎么办？

我们已经给大家讲了CARS方法，它是约束和管理高冲突人格者的终极大法，要想让其持续发挥作用，除了借助这套宝典中的各种技巧，还要与自己对自己从始至终的呵护相配合。这就要求我们要对自己负责，不离不弃。

下面让我们来看两个故事。

卡洛斯的故事

卡洛斯，48岁，就职于联邦政府，他在一个大部门下的会计部工作。他已经结婚20年，有个漂亮体贴的太太和两个孩子。

由于工作压力太大，卡洛斯去见了咨询师。他意识到自己为了缓解压力，有了酗酒的倾向。在咨询过几次后，卡洛斯接受了咨询师双管齐下的方法。一方面，他认识到自己在过去的十年里对酒精产生了依赖，现在需要把酒彻底戒掉，接受康复治疗。另一方面，他需要一套方法去应对工作中的问题。咨询师和他一起分析了情况后，他表示愿意学习CARS方法和EAR表达法。但这并不是件容易的事，卡洛斯明白，他起码还要坚持接受一年的心理辅导。

虽然卡洛斯的情况很棘手，但他主动要求改变。他约了自己的医生，参照建议请医生给他开了戒酒硫和纳曲酮，用于早期的戒酒治疗。他同意尝试参加匿名戒酒互助社[1]的活动，而且很快就付诸了行动。他的妻子也陪他接受了几次辅导，而且答应加入嗜酒者家庭互助会[2]，学习如何帮助卡洛斯戒酒。

一开始，他每次的治疗都是针对康复的知识和问题。因为他明白不戒酒工作就不保，所以他把关注点都放在了戒酒上面。虽然卡洛斯是主动戒酒的，但这始终不是个容易的事。这期间他也有过两次短暂的反复（2~3天），但还是坚持了下来，也没离开匿名戒酒互助社。

之后，他开始把一半的治疗用于解决工作问题。卡洛斯聪明有才智，技术专长很受赏识。但他的行为消极，说话刻薄，他的幽默很伤人。他发现自己有几次因为说错了话而招来了麻烦。

卡洛斯还发现自己的处境比较复杂。他的顶头上司有明显的回避型人格（见第八章）。这位上司很难给他清晰的指示，从不明确交代工作的完成期限，交流也都是只言片语。另一方面，他的部门总监有高冲突人格和明显的自恋特征。部门总监是新官上任，不了解部门的情况，也不知道各种规章流程是怎么来的、怎么样的，而且言行鲁莽，常常没等主管把意思表达清楚，就发号施令。卡洛斯觉得自己被夹在他们中间左右为难。

---

[1] 匿名戒酒互助社：英文缩写 AA，全称为 Alcoholics Anonymous，是一个国际性的民间互助组织，有酒精困扰的人都可以申请成为会员，大家互相帮助解决酗酒等酒精相关的问题。（译注）

[2] 嗜酒者亲朋互助会：英文 Al-Anon，这是一个由酗酒者家属和朋友组成的组织，大家在一起交流、学习如何帮助酗酒者脱离酒瘾。（译注）

卡洛斯已经在这个政府部门工作了十五年。他的很多朋友在企业工作，大萧条时都丢了饭碗，所以他很珍惜自己这份稳定的工作。但现在他发现自己的一边是有高冲突人格的苛刻总监，另一边是有回避型人格的主管，他对这份工作的感激之情也就抛诸脑后了。每周的心理辅导让他有机会发泄负面情绪，并且可以在一个有安全感的环境中对自己进行测试。

他在治疗过程中学习了CARS方法。一开始他很难使用EAR表达法和总监沟通，因为一见这个有高冲突人格的自恋者他就怒不可遏。他觉得总监看不起员工，没和大家商量就擅自修改规章，也不把自己团队的专业技能看在眼里。他觉得总监就是在唱一出独角戏。

心理辅导时，他同意把10%的改善定为自己的初期目标（见第二章）。为了他和总监之间的工作关系能改善10%，他侧重使用EAR方法表达出他对总监的敬畏。之后的几个月，卡洛斯发现这位有高冲突人格的总监愿意查看那些他发的标着"资料"或"相关背景信息"的邮件了。他不再坐着等总监找他，而是主动给他提供有用的资料。

在邮件发出的几周后，总监表扬了卡洛斯，说他提供的某个信息很有用，这鼓舞了卡洛斯继续坚持做下去。几个月的时间里，他和总监的关系稳步改善。

而具有回避型人格的主管带来的是另一系列的问题。在问题刚出现苗头可以被控制时，主管往往不去主动解决。有时他会把问题交给别人去处理，但通常为时已晚。卡洛斯认为，主管常常被逼着去做自己的工作。通过心理辅导，卡洛斯决定在使用EAR表达法的同时给主管设定限制，从而把情况也改善10％。他还加强了和主管的书面沟通，使用BIFF写邮件去纠正错误信息或反复强调工作的截止日期。

为了能达到10％的改善，在近八个月的时间里，卡洛斯专注于这些方法的运用。在这期间，他也积极地照顾自己。他减掉了四十多磅，呈现出近几年里最好的状态。他把运动变成了生活的常态，还买了一辆自行车，在固定的时间段骑车。他接受了匿名戒酒互助社伙伴的建议，每天少吃多餐（用餐4~6次，每次量不大，吃健康的食物或零食）以维持血糖平稳。他严格执行康复计划，效果显著。累了的时候，他就休息或小睡一会儿。他还上了几门课程，想考证书，为以后的职业发展做准备。

虽然工作情况有了改善，但离他的理想目标还有很大差距。卡洛斯认为是时候去探索一下自己以后的出路了。在心理辅导时，他又用CARS方法分析了自己的各种选择。他想拿联邦政府的退休金，但那至少需要再在政府工作五年。所以他明白自己近期是不能选择去企业工作的。

最终，卡洛斯意识到，如果能晋升到大部门里的岗位，就能尽量少接触那位具有高冲突人格的总监，也能彻底逃离出具有回避型人格的主管的魔爪。所以他就去申请了大部门里的岗位，在心理辅导的时候还为面试进行了演练。在他进行第二轮面试时，面试官中就有那位自恋的总监。卡洛斯在改善他俩关系上所做的努力让他受益匪浅。总监在面试中不仅（用身体语言）鼓励他，还一反常态抛出了一些可以让卡洛斯尽情发挥的话题。最后，卡洛斯通过了晋级考核。

让我们来分析一下，在这个故事中卡洛斯是如何一边处理工作问题，一边照顾自己的？

·他主动去咨询

·他坚持进行心理辅导，能接受一个长期的治疗过程

·他戒酒，也承认自己之前酗酒

·他定期参加匿名戒酒互助社的活动，每周至少去两次

·他在匿名戒酒互助社找到了可以帮助他的伙伴，也执行"12步康复计划"①

·他带妻子一起去接受心理辅导，这样一出现问题，他妻子也能帮助到他

·他调整了饮食结构（戒酒），每天少吃多餐（用餐4~6次）以控制血糖

·在第一年的戒酒治疗中，他服用戒酒硫和纳曲酮，还遵医嘱服用几种维生素补充剂

·他改变了社交方式。比如，他周末不再去酒吧，而是和妻子一起去咖啡馆，看现场音乐表演

---

① 12步康复计划：英文为 Twelve Steps，是由匿名戒酒互助社创立的一套戒酒康复方法，分为12个步骤。（译注）

· 为了事业能更上一层楼，他去上课"充电"

· 他开始有规律地锻炼。买了自行车，下班后和周末去骑车

· 只要条件允许，他每天会小睡30~40分钟。这对他恢复精力特别有帮助

压力管理并不是一门多么艰深的科学，但它需要你对自己有清晰的认识以及锲而不舍的精神。光掌握理论是不够的，重要的是付诸行动！

我们再来看另一个案例。

弗雷德的故事

弗雷德是一家私营生产企业的运营经理。他负责大范围的运营，涉及的职能很广。他个头高、体型胖，五十出头，总是管不住自己的脾气。"员工帮助计划"的咨询师认为他需要借助外力才能解决这个问题，所以他决定接受心理辅导。弗雷德在工作场合数次大发雷霆，老板担心他太出格，公司会因此吃上官司。但老板还是很器重他，所以也鼓励他去"寻求帮助"。

在了解了他的情况后，咨询师看出了他坏脾气的症结所在。弗雷德的公司有两位老板，时常产生矛盾，而弗雷德只是一个普通的经理，没有什么通天的本领，只能夹在两人中间，受尽折磨。在被他俩"狂轰滥炸"数小时后，弗雷德不时会因为一些无谓的小事对员工发脾气。更糟的是，其中一个叫拉里的老板雇了一个人一起对付另外一位老板。两个人简直是一个鼻孔出气，所以即使这个被拉

里雇来的人没本事，又不服管，弗雷德也没法把他赶走。

　　弗雷德从来没有接受过心理辅导。他以前在海军服役，不太习惯"谈话治疗（talk therapy）"。但他很努力，真心地投入其中。他学了新的方法控制自己的脾气，还学习了怎么使用CARS方法去应对老板和手下的员工。

　　在辅导的过程中，弗雷德认识到他并没有把自己照顾好，所以他开始从根本上改变自己的生活。他以前通常每周上六天班，还经常把工作带回家做。现在他把工作时间调整为更合理的五天，也控制自己少把工作带回家。他还决定真的把假期休掉，不让自己食言。

　　此外，为了能推动这些改变，他意识到自己需要挑选和培养一位主管。有了主管，他自己的工作量就会减少，而且他不在的时候，也有人可以替他担起运营的担子。这听起来似乎是个挺简单容易做的决定，但对弗雷德而言却是个很难做的决定。他以前总是认为自己能应付一切，不愿意放权。他害怕失去权力和被人取代，而做出这个决定，需要他战胜自己的恐惧。

　　在心理辅导中，他明白了自己不能把所有事情都揽过来，如果他能把一部分权力下放给别人，找帮手一起监督工作，做起事来会更有成效。此外，弗雷德也渐渐清楚，他的焦虑、无精打采、消极想法都是抑郁的表现。他同意去看医生，医生给他开了治疗抑郁的药物。他还让妻子助他一臂之力，清晨上班前两人一起去散步，保持心情舒畅。其他的家庭活动也让他俩乐在其中。

弗雷德还发现质量保证（Quality Assurance）的作用在运营中日渐突出，有必要将这部分工作内容从日常运营中分离出来，雇专人负责。弗雷德和老板讲了这个事情，言辞凿凿，想说服他们。

一年后，据弗雷德讲，他的感觉比从前好多了。公司雇了一位质保专员，半年内，新的质保部就步入了正轨。弗雷德把之前选中的合适的人培养成了主管，把自己能交的职责都交给了他，这样弗雷德每周的工作时间也正常了。

之前，弗雷德的压力主要来自两位老板间的矛盾。在学习了BIFF回复后，他用这种方式与他们相处，澄清了他们之间的很多误解，理清了他们之间相互矛盾的信息，在处理和两位老板的关系方面，他的方向清晰了很多。

虽然弗雷德没法解雇那个老板的同伙，但可以把他调到一个无关痛痒的岗位上，即使他的能力不足，也不会对公司造成太大影响。弗雷德让新的主管负责这个人，这样就不用和他有什么接触了。

现在弗雷德还在认真地控制体重，他决定继续通过每周的治疗获得帮助和辅导。这位曾经一句废话都不多说的退役军人已经可以真正体会到谈话治疗带来的好处了。就像弗雷德说的，"为了走出困境，大丈夫就得能屈能伸"。

让我们来分析一下这个故事，看看弗雷德是怎么照顾自己的。

· 一直接受心理辅导，认清自己的问题

· 接受训练，控制自己的脾气

·学习CARS方法、EAR技巧和BIFF应答方式

·培养新主管，放权给他（她），以辅助自己的工作或给自己替班

·说服老板请了一位质保专员，减少了自己的工作量，很好地发挥了质保的作用

·找医生治疗自己的抑郁，服用抗抑郁药物

·加强锻炼，多和家人一起活动

·控制体重

评论：这个故事告诉我们，不是所有照顾自己的做法都显而易见。我们都知道上面这些行为体现了弗雷德对自己的照顾：锻炼身体、吃抗抑郁药、调整到正常的工作时间、控制体重和脾气。但设立主管一职、说服老板请质保专员、转移出自己的一部分职能，其实也都是照顾自己的做法。这些改变本身并不难实现，但最难的是改变弗雷德"一切由我来承担"的想法。弗雷德一旦真正认识到自己想法中的问题，就能做出对自己和企业都有益的明智之举。

结语

在当代社会，尤其是职场中，人格障碍问题正变得日益突出，不容小觑。不要认为它离你很远！你得有所防备，照顾好自己。

美国精神病学会的手册上写道，一项重要研究发现"美国有

近15%的成年人患有至少一种人格障碍"。这意味着他们的问题呈现一种"持续的模式"，体现在"人际交往的功能"上，"波及范围从个人到社会"，会"在临床上给人带来巨大痛苦或导致人在社交、工作或其他重要领域产生功能障碍"（《精神障碍诊断与统计手册》第五版）。而职场就是需要人去发挥人际交往、社交和工作这些功能的。

有些患有人格障碍或具有人格障碍特征的人在职场中就变成了"高冲突人格者（HCPs）"，因为他们总是把精力放在指责别人上，想法极端，（某些情况下）控制不住情绪，还会出现极端的行为。他们的人格问题造成他们缺乏自我认知，很难（在某些情况下无法）改变自己的行为。虽然你不能改变他们的人格，但可以改善和他们的关系，让他们也能成为有用的员工和管理者。

我们在本书中介绍的理论和方法可以帮助你应对高冲突人格者带来的复杂问题，而这些理论和方法并不复杂。不论你是员工、管理者、企业主或是在工作中要和高冲突人格者打交道的其他人，也不论你是"员工帮助计划"的咨询师、人力资源部的经理、外部咨询师、辅导员，还是教别人和高冲突人格者打交道的顾问，这些理论和方法都能派上用场。因为不管你是谁，都很难在压力之下保持清醒，而高冲突人格者给人的压力又格外大。所以我们发明了CARS方法，它并不复杂，可以帮助你应对高冲突人格者带给你的问题。

为了帮助大家做好应用CARS方法的准备，我们讲了一些关键的原则，我们称之为RAD方法。

识别（Recognize）出你接触的这个人是不是高冲突人格者：

·高冲突人格者的性格特征：把精力放在指责别人上，想法和行为极端，有时控制不住情绪

·他们可能还会有某种人格障碍或具有人格障碍特征，也就是说他们通常无法反省自己行为中的问题，无法做出改变

·谨记：不要同别人讲你认为他们有高冲突人格，你要做的只是识别出这种可能性

·请记住：CARS方法适用于任何人、任何场合、任何时候，不论对方是不是有高冲突人格。你不需要给他人做出明确的判断，告诉他们是不是高冲突人格者，也不要尝试这样做

调整（Adapt）你的方法：

·不要向他们点破他们有问题的行为以及给你和他人带来的影响。别痴心妄想了！他们缺乏对自己的正确认知，那样做只会激起他们的戒备心，把事情闹大，对谁都不好

·不要刺激他们。因为这些人控制不好自己，所以不要以暴制暴，避免激怒他们，要保持冷静

·不要试图改变他们。把关注点放在你能做些什么上面，去改变你应对他们的方式

·不要盯着他们过去的行为不放，要着眼于未来。高冲突人格者很容易一味地抱怨别人的所作所为，而袒护自己的行为。所以不要用反馈的方式和他们交流，要用前馈方式

用CARS方法做出(Deliver)回应。下面就是你要做的。

CARS方法

这四个步骤在大部分情况下都能帮助你处理好和高冲突人格者的关系，因为它们是针对这些人的四个主要问题。

·建立情感联系：把你对他们的情感认同、关注和尊重传递给他们（EAR表达法）

·分析选择（比如，你可以问一些关键性的问题，或者和他们一起商量可能的选择、解决方案）

·应对误解和不实信息（可以运用BIFF回复方式）

·设定限制，对他们的问题行为做出约束（这件事可以由某个人和/或依靠组织的力量去完成）

你不用做得尽善尽美，甚至都不必去完全按照这种方法行动。怎么应对完全取决于你。你要把这些方法当作辅助工具，而不是金科玉律。但如果你发现某个人有可能有高冲突人格，而你拿他（她）没有办法，那就考虑试一下这个方法。这个方法能让高冲突人格者变得更容易相处，让你的生活轻松很多。

在搜集信息、撰写此书时，我们发现，今天我们在职场上面临的高冲突人格问题和物质滥用问题一样严重，或者比之更甚。或许可以说我们现在的情况就和三十年前面对酗酒时一样。那时对于酗酒者，人们只是默默忍受，或仅是教训他们一下而已，结果对谁都没有什么好处。我希望我们所做的能让大家加深对高冲突人格的认识，也能给大家提供一些有用的方法更好地和他们相处。

一切就看你怎么做了！

现在你已经知道高冲突人格者在工作中会出现的问题，也能更有效地应对了。但可惜的是，你身边的人还没有发现这些问题，也不知道如何妥善地处理，还可能把问题搞得更糟。而掌握了这些知识后，你在工作中不但可以处理好自己的问题，还可以帮助高冲突人格者和整个企业。我们已经收到了很好的反馈，使用过这些方法的人让他们的同事和领导刮目相看。

你也可以让事情有好转的！但也别忘了，错不在你！

最后，送上我们最诚挚的祝福！

作者简介

比尔·埃迪（Bill Eddy）

威廉姆·埃迪（William A.Eddy）也称比尔·埃迪，是高冲突研究院院长。该研究院位于美国加利福尼亚州①的圣地亚哥市。他是加州注册的家事法律师，有15年的家事法庭代理经验，从事离婚庭外调解工作20余年。在做律师前，他考取了临床社工执照，在精神病院和门诊诊所从事儿童、成人、伴侣、家庭的心理治疗工作长达12年。

作为高冲突研究院的院长和创始人之一，他在世界各地发表关于高冲突人格的演讲，听众有律师、法官、调解员、治疗师、人力资源从业者、"员工帮助计划"工作者、协作专家等，来自美国的

① 下文简称为"加州"。（译注）

25余州以及加拿大、法国、瑞典、澳大利亚和新西兰。

他也为企业和其他机构、组织提供关于职场问题的咨询和培训，比如英特尔①、圣地亚哥海军医疗中心②、加拿大的皇家山大学③、社保行政法官办公室④、美国国家功绩制保护委员会行政法官办公室⑤和位于墨尔本的澳大利亚国家服务局⑥等。

2008年，埃迪先生创立了"CARS冲突解决法（Method of Conflict Resolution）"，用于工作、邻里、家庭纠纷中应对高冲突人格者。2009年他还创立了"新的家人相处之道（New Ways for Families）"项目，给一些家庭提供心理干预，避免他们在家事法庭上发生冲突。这个项目已经应用于数个家事法庭的辖区。2013年，他发明了"新的调解之道（New Ways for Mediation）"，这个方法结构更严密、技巧更多，可用于各类型调解中应对有高冲突人格的委托人。2015年，他还和乔琪·迪斯特凡诺（L. Georgi DiStefano）研究出了"新的工作之道（New Ways for Work）"，并将之编纂成了工作和指导手册。

他还在美国国家司法学院⑦执教，指导州法官和联邦法官如何应对法庭上的激烈冲突。他还是位于洛杉矶城外的佩珀代因大学法学

① 该公司的英文名为 Intel
② 该中心的英文名为 San Diego Navy Medical Center
③ 该大学的英文名为 Mt.Royal University
④ 该组织的英文名为 Social Security Administrative Law Judges
⑤ 该组织的英文名为 U.S. National Merit Protection System Board Administrative Law Judges
⑥ 该机构的英文名为 State Services Authority
⑦ 该学院的英文名为 National Judicial College

院[①]的一名兼职讲师，在施特劳斯纠纷解决研究院授课。他每年还在位于澳大利亚墨尔本的莫纳什大学[②]法学院教授如何处理高冲突的法律纠纷。

埃迪先生是位于加州圣地亚哥的国家冲突调解中心[③]的一名高级家庭调解员，并在圣地亚哥大学法学院教授了六年的谈判和调解课程。他著有下列书籍：

《这事儿都怪你！应对指天怨地者的12条建议》[④]

《BIFF：如何快速应对高冲突人格者》[⑤]

《你有何打算：30秒让高冲突人格者从指天怨地到解决问题》[⑥]

《法律纠纷中的高冲突人格者》[⑦]

1992年，埃迪先生在圣地亚哥大学[⑧]拿到了他的法学学位，1981年他在圣地亚哥州立大学拿到了社会工作学的硕士学位，1970年在凯斯西储大学[⑨]拿到了心理学的学士学位。职业之初，他在纽约一个混乱的社区做青年社工。虽然他从事的职业多种多样，但解决冲突始终是他工作中不变的主题。

埃迪先生的邮箱是info@highconflictinstitute，电话为001–

---

① 该学院的英文名为 Pepperdine University School of Law

② 该大学的英文名为 Monash University

③ 该中心的英文名为 National Conflict Resolution Center

④ 原书名为《It's All Your Fault!: 12 Tips for Managing People Who Blame Others for Everything》

⑤ 原书名为《BIFF: Quick Responses to High-Conflict People》

⑥ 原书名为《BIFF: Quick Responses to High-Conflict People》

⑦ 原书名为《High Conflict People in Legal Disputes》

⑧ 该大学的英文名为 University of San Diego

⑨ 该大学的英文名为 Case Western Reserve University

619-221-9108。你可以打开此网站www.highconflictinstitute.com点击"Blog"来阅读他的博客。

乔琪·迪斯特凡诺（L. Georgi DiStefano）

乔琪·迪斯特凡诺是一名执业社工，在物质滥用治疗和员工帮助项目上有丰富经验，她也是一名广受欢迎的讲师，教授如何化解职场冲突。她最近刚刚退休，之前是圣地亚哥州立大学酒精及药物研究服务中心的酒后驾车（DUI）[1]项目临床执行理事。在她工作的14年中，她负责的项目资金规模为370万美元，每周有3000多名活跃用户，管理的员工有85人。

她还曾为加州圣地亚哥的凯撒医疗机构[2]管理"员工帮助计划（EAP）"，她是该项目紧急事件处理小组的协调员，和威胁管理委员会一起处理各种棘手事件。她还为价值选择公司[3]、蓝十字公司[4]提供EAP服务。

她为维嘉斯[5]和塞墨[6]等企业的管理者开办月度讲座达十余年，她的企业客户还包括圣地亚哥海洋公园[7]、特曼库拉城（City

---

① DUI 为 Driving Under the Influence 的缩写，意为在饮酒或服用药物等精神不济情况下驾驶，而通常简称成"酒后驾车"
② 该公司的英文名为 Kaiser Permanente Hospital System
③ 该公司的英文名为 Value Options, 现更名为 Beacon Health Options
④ 该公司的英文名为 Anthem Blue Cross
⑤ 该公司的英文名为 Viejas Enterprises。
⑥ 该公司的英文名为 Cymer, Inc.
⑦ 公园的英文名为 Sea World

of Temecula）、萨克生物研究所①、圣地亚哥县、完全见解/HHRC②。

二十世纪八九十年代，她在夏普梅萨塔维斯塔医院③担任酒精和物质滥用治疗项目的总监，还在加州圣地亚哥创办了康复辅导学会④，担任执行理事一职。

迪斯特凡诺女士还在圣地亚哥州立大学社工学院的健康与人类服务学院担任过14余年的兼职副教授。

她是《演变的渐进式治疗方法：物质滥用及化学品依赖治疗师的临床指南》⑤一书和其方法的主创人员，该书被翻译成多种语言。她还撰写了《演变的渐进式治疗方法：小组讨论话题》⑥，广泛应用于物质滥用和酒驾的治疗项目中。

迪斯特凡诺女士还被美国国家社会工作者协会（NASW）⑦圣地亚哥分会授予终生成就奖。加州临床社会工作者协会也给她颁发了临床社会工作者的年度奖项，2014年她还被评为加州杰出社会工作者。

她在美国国内和国际上讲授演变的治疗方法，在希腊、新西

---

① 研究所的英文名为 Salk Institute
② 该公司的英文名为 Integrated Insights/HHRC
③ 医院的英文名为 Sharp Mesa Vista Hospital
④ 该机构的英文名为 Counseling and Recovery Institute
⑤ 原书名为《Paradigm Developmental Model of Treatment: A Clinical Guide for Counselors Working with Substance Abusers and the Chemically Dependent》
⑥ 原书名为《The Paradigm Developmental Model of Treatment: Group Topics》
⑦ 该协会的英文全称为 National Association of Social Worker

兰、日本、巴拉圭、德国举办讲座。她还在高冲突研究院开办讲座，讲授如何应对职场上的高冲突人格者，以及健康、物质滥用的治疗等其他话题。此外她也为高冲突研究院的管理者提供咨询和指导。迪斯特凡诺女士的邮箱是info@highconflictinstitute.com，电话为001-619-221-9108。

致谢

　　我们能写完此书，得益于很多人多年来为我们提供的各种职场上的真实材料。我们没办法把所有想感谢的人都列在这里，但在此特别想感谢爱丽丝（Alice）和多丽丝（Doris）。在我们面对应接不暇的邮件、电话、会议时，她们始终给予我们大力支持，让我们能在非常紧张的时限内完成此书。作为本书的两位作者，我们也要感谢彼此，感谢我们又能在一起合作，而且是如此地轻松愉快、默契十足。

　　我们还要感谢我们的出版商梅根·亨特（Megan Hunter）给予的指导，她对此书的热情让我们充满了动力。我们还要特别感谢以下各位对我们的想法和手稿给予建议：玛吉·布朗（Maggie Brown）、丹尼斯·道尔（Dennis Doyle）、特里萨·布鲁克（Teresa Brook）、科琳·多伊尔（Colleen Doylend）、丹尼斯·夏普（Dennis Sharp）、迈克尔·洛马克斯（Michael Lomax）、塔妮娅·索丁（Tania Sourdin）。感谢本书的编辑，凯瑟琳·布罗贝格（Catherine Broberg），她出色地完成了我们文章的编辑工作，让整本书浑然一体。